矢崎千華

「身の上」の歴史社会学

明治時代の自己物語から考える近代化と共同性

生活書院

しかし、なにかを語るのに、「歴史」や「物語」以上に、そう、それはさっき申し上げたように、実は同じものなのですが、それらより効果的な方法をわたしたちは知らないのです。

――高橋源一郎『ニッポンの小説――百年の孤独』

「身の上」の歴史社会学——明治時代の自己物語から考える近代化と共同性

目次

序章 「身の上」の歴史社会学と自己物語記述様式

第1章　自己物語記述様式の成立を支える諸状況

第2章　「ことば」を分析する方法

第3章　「身の上」の成立

第4章　自己物語と「共同性」の生成

第5章　女性と「不幸の共同体」

終章　自己物語記述様式の成立と「共同性」

序章 「身の上」の歴史社会学と自己物語記述様式

1 「物語」のはじまりを問う

日本において中野卓編『口述の生活史――或る女の愛と呪いの日本近代』(1977) から始まるライフヒストリー研究 (桜井・中野編 1995) やライフストーリー研究 (やまだ編 2000) など人びとの語りに関心が高まってから久しいが[1]、そこでは人びとは語られるべき固有の「物語」を語りうることが前提とされているように思われる。さらに言うならば、とくにライフヒストリー研究においては、語られた断片を「編集」した上で提示することが行われるが、このような方法は、どのような様式に従って断片を提示することが有意味となるのかについての、暗黙の了解の上に成立していると考えられる。その、暗黙の了解のもとにある様式とは「物語」である。

そのような研究に代表されるような、人びとに固有の語りを分析するという行為には、ふたつの前提が存在している。ひとつ目は、人びとは語られるべき何かしらの「物語」を語りうるという点、ふたつ目は、その語りの断片を「編集」して再構成できるほどに、研究者側が「物語」という様式を心得ているという点である。このような前提に関する疑問が生じても不思議ではないと思われるにもかかわらず、これらのふたつの前提の存在についての探求は行われてこなかった。それは、これらの点がこんにちにおいて全く自明であるがゆえに、焦点化する必要がなかったからではないだろうか。あるいは、逆に照射するように言い換えるならば、人びとに固有の「物語」に関する研究の積み重ねが、人びとが「物語」を語りうるということと、それを分析することが可能であることをより強固にしてきたとも考えられるのである。

本書は、このように、語りをめぐる研究において前提とされていると考えられるふたつの点について、個々人がそれぞれに固有の「物語」を語りうるようになっていく過程を描きながら、その過程が示すであろう、「『物語』を語ること」の社会的な機能について論じるものである。そして、それは、「近代化」とは切り離せないものである。

とはいえ、ある特定の様式が形成されるという、その語り起源を探ることは、一見非常に困難であるように思われるかもしれない。録音機器や録画機器がないような時代の語りを取り上げなければならないなら、なおさらである。しかしながら、全く手がかりがないというわけではない。記述されたテキストを取り上げるというアプローチであれば、それらを語り——場合によってはその残滓——として分析し論じていくことが可能である。そこで、本書では、人びとそれぞれに固有の「物語」がどのようにして記述可能になったのか、という問いを設定し、当時のテキストを詳細に分析しながら、これに答えていくことにしたい。

2　本書の目的

これは、この後、本書において詳細に分析・検討されていくことであるが、人びとはこんにちの私たちのように、自身について「物語」の様式によって記述するということが、そもそもから可能であったわけではなかった。この「物語」という様式の歴史性を考え直すこと、そして、それを踏まえて「近代化」と「共同性」について論じることが本書の目的である。

そのために、本書は、明治時代の紙誌上における「身の上相談」や日記、投書に記述されている、人びとの「身の上」を自己物語として読み解きながら、それらを主な分析対象として、その記述様式の成立と変容の過程について社会学的に考察することとなる。この、自己物語が記述される際に使用される様式のことを、本書では、自己物語記述様式と呼ぶ。そして、本書は、具体的には、（1）自己物語記述様式の成立と変容の過程を資料に基づき分析的に明らかにする、（2）その成立と変容する過程の社会学的含意について検討する、というふたつの作業からなる。

そして、この作業を経た上での議論の中心は、こんにち前提とされている「物語」の様式によって自身を語るという行為が、「共同性」を生成し可視化するという、社会的な機能を果たしていることを提示することにつながるだろう。語りがある種の「共同性」を生成し、また、それに基づき「共同性」が可視化される。そして、この「共同性」の生成と可視化は、「物語」の主要な機能であり、かつ、近代を形作る重要な観点でありながら、日本における近代化論ではその中心に置かれてこなかった。

例えば、桑原武夫は、「近代化」の条件として以下の六つを挙げている（桑原 1957: 274）。

（1）政治における民主主義
（2）経済における資本主義
（3）産業における手工業ないしマニュファクチュアから工場生産への移行、とくに科学技術の進歩と機械化
（4）教育における国民義務教育の普及
（5）軍備における国民軍の成立
（6）意識における共同体からの解放、個人主義の成熟

その上で、日本は、（1）および（6）を除く（2）（3）（4）（5）において明治時代以降、第二次世界大戦までで成功したと言う。そして、日本の改革と進歩が、「上から」のものであり駆け足であったことを指摘している（桑原 1957: 275）。

これらが「近代化」の条件であることに対する批判もあるかもしれないが[2]、ここで注目すべきは、（6）を除く項目が「制度」と「事物」に関するものである点である。つまり、ここでは「近代化」を考えるにあたって、それまでにない「制度」や「事物」が導入、実施され、確立された点が問題とされているのである。確かに、それは「近代化」を捉えるひとつの視点かもしれない。しかしながら、「近代化」とはそのような視点から描くだけで十分と言えるのだろうか。

これらのような「制度」が実践されていく過程において、当時の人びとはどのような経験をしながら、そ

れを記述してきたのか。この点を論じることを通じて、「近代化」をより具体性をもったものとして捉えることが可能になるのではないだろうか。そこで、本書は、「物語のはじまり」について論じながら、これに応えていくことをも試みる。「近代化」の過程において、人びとはそれをどのように経験し表象していたのかを、「物語」という記述様式の社会的な機能を中心として論じることを通じて、「近代化」の経験に接近する。

この試みは、先の桑原の「上から」のものであるという「近代化」像に対して、「下から」の「近代化」へアプローチするということを意味するものである。この「下から」の「近代化」を論じていく上で、その中心に置かれるのが、当時の人びとの自己物語とその記述様式である。自己物語には、当時の人びとの悩みや困難などが含まれている。したがって、先述した本書の試みを言い換えるならば、これらがどのように語られているのか、その自己物語を取り上げることによって「近代化」の経験を捉えようということになる。

しかしながら、単に自己物語を取り上げるのではない。本書では、自己物語記述様式の変容にとくに注目する。それまでとは異なる社会が形作られようとしている中で、人びとは自身や他者あるいは社会のことについて、どのように認識するようになったのか。自己物語記述様式の成立と変容の過程を追うことによって、人びとがどのように、自身や他者あるいは社会を捉えるようになったのか、そして、「近代化」を支えていたのかが理解可能になると考えられる。

以上、本書は、「物語」という記述様式の機能を考えるという目的と、それらを考えるための試みからなるが、これらを論じるにあたって、なぜその対象を明治時代に設定したのかを説明しなければならないだろう。それは、この時代が日本において急激に――駆け足で（桑原 1957）――「近代化」が進行した点、そして、それと重なるようにして、自己物語もマス・メディアを通して表出し始めた点と深く関係しているからである。そこで、その点も含めてこの時代がどのようなときだったのか、ということをここで確認しておきたい。

3　なぜ明治時代か——「近代化」と「ことば」

湯沢雍彦は、二〇〇五年に出版された『明治の結婚 明治の離婚——家庭内ジェンダーの原点』の冒頭で、明治時代について以下のように言及している。

> 六十代以上の日本人にとって、「明治」という言葉には、一種独特な懐かしい響きがある。暗くて泥沼のような側面は時の流れとともに忘れ去られ、明るい躍進の大道を歩んだ素晴らしい時代、という思いにひたる人が多い。塾から学校へ、手仕事から大工場へ、ランプから電灯へ、和服から洋服へ、武士から軍隊へ、太陰暦から太陽暦へ、ありとあらゆる制度や道具が改められ、より便利なもの、より自由なもの、より洋風なものに移り変わっていく時代だった（湯沢 2005: 8）

おそらく、この「明るい躍進」については、こんにちの私たちが思い描くことのできるもののように思われる。それに対して、「暗くて泥沼のような側面」はイメージしにくいかもしれない。明治時代に大きな対外戦争——日清戦争・日露戦争——があったことは、誰もが知るところだろう。しかしながら、何度も内戦と呼べるような戦があったことや新聞紙条例に見られるような言論統制があったこと、公害事件、大火、デフレなど、「暗い」ことに関しては「忘れ去られ」ているように見えるということであろう。

このように言い表されている「明るい躍進」と「暗くて泥沼のような側面」は、「近代化」の両側面を捉えた言葉である。そして、そのどちらも、当時の人びとが経験したことであることには変わりない。急激に押し寄せるようにしてやってきた「近代化」であったが、現在から見てそれが成しえたと評価しうるのであれば、それに悪戦苦闘しながら対応してきた、人びとの「下から」の実践が支えたというふうに考えるべきであろう。本書の試みは、そのような実践を、彼ら／彼女ら自身の手による自己物語とその記述様式の成立と変容の過程から読み取ることである。

ここで言う実践とは、「ことば」を中心とした言語実践のことである。そして、それは具体的には、彼ら／彼女らが記したマス・メディア上のテキストに残されているものである。これらを分析の対象とするのは、当時の経験が描かれていると同時に、それらは、人びとが実際に触れていたものでもあるからである。そこには、当時の人びとの「ことば」による経験の足跡がある。

しかしながら、その足跡を辿るには手掛かりである「ことば」の問題からアプローチする必要がある。なぜなら、明治時代において「ことば」は常に国家の課題であり続けたものだからである。明治初期には、日本全国で通用する「ことば」はまだなく、「国語」という発想が生まれたのも明治中期になってからである（第1章参照）。

このとき、明治維新という「革命」を経たとはいえ、日本という国が近代的な「国民国家」であるとうたわれる中で、「ことば」が問題であることは明白であった。アンダーソン（Anderson 1991=1997）が論じているように、近代的な「国民国家」には、そこに統一された言語が浸透している必要があった。それまでに「ことば」の問題について進言した者もいたが[3]、この問題に政府が本格的な対応を始めたのは、明治も中期を過ぎた頃であった。しかしながら、このときが訪れるのを、人びとは単に待っていたわけではなかった。政府よりも先んじて人びとの「ことば」は、統一の方向に向かっていたのである。その様子は、本書で分析・参照している資料を見ていくことで明らかとなるが、人びとは、急速に発展していくマス・メディアを利用して、他の人びととつながることのできる「ことば」を手にしていった。

例えば、明治時代においては、投書が何度かブームになっていたり、日記をつけることが流行したりしている。それは、人びとが獲得したリテラシーを用いて、自身の「ことば」で何かについて語ることが可能になったこと、そして、投書というそれまでになかった行為を通じて、他者とつながることが可能になったこと、そういった素直な喜びが現象化したもののように思われる。

そのように誰かとつながることのできる「ことば」を持つということは、非常に大きな希望をもたらしただろう。と同時にまた、絶望にも似たものをときにはもたらしもしただろう。それは、「ことば」を持つということが、生の質あるいは生そのものについて、他者との比較を可能にしてしまうという転倒が起こり得るからである。「ことば」の歴史性を捉えるという試みは、この両義性について思考することをも意味する。

そのような「ことば」を足掛かりとした希望が見えながら、近代国家としての日本が輝かしく語られる一方で、不安定な政治体制、経済状況、戦争、貧困、病など、多くの人びとは困難の中にあった。そのような状況の中にありながら、自分自身のことを自らの手で記述することが可能になったことは――両義性が伴うとはいえ――、やはり、ひとつの希望であったのではないだろうか。自分自身の個人的な問題であっても、「共有可能な人びとが現実にいる」というつながりが果たした社会的機能は大きかったと思われる。というのも、それは、明らかにそれまでとは異なる個々人の生活世界に対する認識の広がりを意味していると考えられるからである。

では、そのような認識の広がりがあったと考えられるとして、この現象について具体的にどのように接近して論じることが可能なのであろうか。

4 自己物語としての「身の上」

先述したような、生活世界に対する認識の広がりについて考えていく方法のひとつとして、当時の人びとの経験の諸相を捉え記述することを挙げることができるだろう。

とはいえ、この経験の諸相に接近することを可能にする資料は、想定できるだけでも数多くある[4]。本書が扱うテキストもその内に入るが、写真や絵画なども当時の人びとの生活を捉えることを可能にするであろう。テキストに限って考えてみても、文学作品、ルポルタージュ、日記や日誌の類、備忘録、家計簿、マス・メディア上の言説など、当時の人びとが書き残したテキストをいくつも挙げることができる。公開され入手可能なものだけでも膨大であり、公開されていないものを含めて考えると、それは数えきれないほどであるだろう。

そのように数え上げるときりがないほどの資料の中で、本書はメス・メディア上のテキストにおける自己物語を分析・考察の対象とする。とくに、活字文化と密接に関わっていると考えられる紙誌上の「身の上相談」と日記、投書を分析の対象としている。それは、先述したように、それらが当時の人びとが実際に手に取り、読んで、ときには自身で書いて投書したものが掲載された、それそのものであるからである。

また、自己物語には、当時の人びとの実生活上の問題や困難に関する記述が含まれている。それらの問題や困難は、当時の状況に固有の経験が見られる一方で、現在とそれほど変わらないものまで多岐にわたる。そして、これらのテキストからは、他者の自己物語について読み、自身の自己物語について書くという行為に試行錯誤しながら慣れ親しんでいく、当時の人びとの様子が見て取れる。マス・メディアは、あたかも自己物語の記述を実演しながら学ぶことのできる、練習場のようなものであると言えるだろう。

そこで記述されている自己物語は、現在の視点からすると、はじめは奇妙なものであったり拙いものであったりしているように見える。しかしながら、演習を通して人びとの自己物語にはある特定の様式とそれに伴うある種の工夫——技法——が見られるようになっていく。実は、そのような様式と工夫が見られるようになってはじめて、こんにちの私たちが認識している自己物語のかたちになっているように思われるのである。

つまり、現在の私たちが自己物語と認識しているものは、そもそもからそうであったのではなく、ある時期から急速に浸透していった記述様式と技法とによって支えられていると考えられる。実際には、私たちがこんにち当然のように想定している自己物語から遡って考えると、それとは違うかたちのものがあったのであり、それが——明治時代の「暗い」側面と同じように——忘れられているように見えるのである。

その忘れられているように見えるかたちの自己物語のようなものに続いて、自己物語記述様式が成立し定式化していった結果、現在を生きる私たちにとって馴染み深いかたちになっていったこと、そして、その過程が一体何を意味しているのかを考える必要がある。それは、現在自明視されているものの歴史性を考えることを通じて、こんにちの私たちが立脚しているものが何なのかについて考えることである。
そして、このように、自己物語と自己物語のようなものが区別できるということは、そこに「非連続的発達」(Giddens 1990=1993: 15)が見られることを意味する。そもそも自己物語という概念自体が、近代的な発想による認識枠組みであり、こんにちから遡って捉えようとするからこそ、自己物語と自己物語のようなものを区別することができると言える。

この自己物語(self-narrative)という概念、および、その機能を重視してきた人物のひとりであるケネス・ガーゲンは、社会(心理)学の領域においてそれを論じてきた。浅野智彦によれば、彼は一九八〇年代から自己が自己物語を語ることにおいて成立するものであると主張してきた(浅野 1993; 2003)。このような考え方は、社会構成主義[5]と並立して展開されてきたものである。

この考え方に沿って本書も自己物語を捉えるが、この語と並行して「身の上」という語を用いている。「身の上」という語は、自己物語という語と互換的に使用される。後述するように、「身の上」もまた「物語」であることを指摘しうるが、それが「私」という主語によって記述されていないテキストがある。〈「私」が「私」について語るもの〉を自己物語とするのであれば、そのようなテキストは自己物語ではないと判断されるだろう。しかしながら、それはテキストにおける主語(の存在)の問題と大きく関わるものであり、その内容と様式を分析すると、それは自己物語の萌芽を含むものとして捉えられる。

よって、「『身の上』の歴史社会学」という表題は、こんにち、個々人が語り記述しうるものとして考えられている「身の上」というものが、ある局面からある様式——「物語」——とともに表出したという歴史性を持つものであるということを論じるために付けられたものである。

「身の上」がない人はいない。それは、いつの時代でもそうである。仕事、生活、結婚、貧困、病、家族の死など、何かしらの問題や困難は、いつの時代も変わらずあるものであり、それらを「身の上」として語ることも行われてきた。「身の上」の歴史といった場合、今列挙したような内容の変遷を主に扱うと思われるかもしれない。確かに、それらも歴史性を持つものであるだろう。しかしながら、内容だけを取り上げていくことではその歴史性を論じることはできない。「身の上」がある時期に表出したというのは、それに特有の語られ方が成立したということを意味しているからである。つまり、「身の上」とは、内容とそれに特有の語られ方のセットにより成立するものであり、それらを合わせて見ていく必要がある。そして、それが「身の上」の歴史を社会学的に考えていくということになるのである。

5　言語編成を見る——分析視角

では、それに特有の語られ方とは、どのようにして分析することによって明らかにすることができるのであろうか。本書の方法論的視座については第2章で詳述するが、独自の分析方法であるので、ここでもひとつの資料を取り上げながら本書の分析方法について簡略に述べておきたい。

各章で取り上げる資料には、各章と節とその中での順序からなる資料番号（〔資料〇-〇-〇〕）が振られており、また行番号が筆者によって付されている。加えて、分析の際に注目する言葉については、各種の傍線を引いている。

例えば、以下の〔資料序-5〕は、「身の上相談」の起源として位置付けられる明治一九年の『女学雑誌』

「いへのとも」欄に掲載されていたものである。一緒になりたいと思う相手がいるがそれを両親に話すことができない、という内容である。

01 妾は自分の家を嗣ぐべき者なるが十一十二才の時同郷の其家を嗣ぐべきにあらざ
02 る男教師に小学校生徒たるとき教課を受けしが其先生は至極親切丁寧にて万事に
03 達せざるなしと言ふべき程にはなきも年齢も六つ七つ違ひ身代は何れも伯仲し居
04 る故夫となり妻とならば末楽しく暮し得べけれど父母或は親戚知己に斯る事を云
05 ふも実に間の悪きもの去りとて黙し居らばとも存じ候如何して宜しき者にや至急
06 御教を祈る

(『女学雑誌』第三九号 明治一九年一〇月二五日)

〔資料序－5〕

ここで、この資料を取り上げたのは、その内容だけを見ると現在でもありうる話の典型であるからである。もちろん、家を継ぐというような観点は現在と比較するとこのような話には欠くことのできないものであり、当時の状況を背景としたものであるだろう。しかしながら、もし内容だけを分析する、あるいは、それを類別することにだけ注視してしまうと、それが現在と比較してどう評価できるかといったような分析結果に陥ってしまう可能性がある。そして、「昔も今も変わらない」であるとか「昔と今は違っている」というような結果に収斂してしまうかもしれない。

よって、このような分析は、本書では行われない。どのようなトピックが記述されているのかという内容と同時に、それがどのように記述されているのか、その記述のなされ方を見るのである。

例えば、この〔資料序－5〕では、まず「妾」（私）（01行目）という主語が用いられている。そして、04行目では「故」という因果連関を示す接続詞が使用されており、すでに築かれている関係があるからこそ一緒にいたいというように編成されている。ここでは、「私」という主語が用いられることによって、この問題がまさに「私」の問題として記述されており、それを訴える理由も明確に説得的に主張することが可能になっている。

このように、テキストがどのような編成――言語編成（詳細は第2章）――になっているのかを見ることによって、「経験」がどのように表象されているのかが、内容分析よりも詳細で鮮明に読み解くことが可能になる。また、この〔資料序－5〕のように、明らかに自己物語として読み解けるものに対しては、内容分析でも対応可能であるかもしれないが、自己物語のようなものの分析においては、それには限界があると考えられる。自己物語のようなものにも、この資料のような「結婚問題」があることは想定される。しかしながら、そのような資料を単に「結婚問題」として捉えて類別することでは、「経験」の表象のありようを分析することはできない。つまり、テキストの編成を見ることにより、自己物語のようなものの記述のなされ方を分析の射程に置くことができる。

そうであるからこそ、この分析視角は、自己物語記述様式の成立と変容の過程の社会学的含意についても考察することを可能にする。そして、それは、自己物語のようなものから自己物語へ、それからさらに共同――「私たち」――の「物語」へと移り変わっていく過程を、「物語」と「共同性」という理論的水準においても論じることにつながっていく。

6　「物語り」から「物語」へ

この分析視角によって、語りの類型がいくつか確認される。それらは、まず、これまでで触れた、自己物語のようなものと自己物語に分けられる。そして、自己物語の中に、より細分化された言語編成があると考えられ、これらが分析的に示されるであろう。とはいえ、ここでは、自己物語のようなものと自己物語を分別可能にする――「非連続的発達」を見出す――その境界が、明治時代にどのようにして形成されたのかに言及する必要があろう。「物語」は、伝統的には口述によって経験されるものであったものが、それが記述に移行していく際に、この「非連続的発達」は見出しうる。「物語」は、もともとは「物語り」という口述の伝統のもとにあるものとして人びとに受容されていた。しかしながら、活字文化の興隆は、「物語り」を記述という新たな局面へと移行させていった。そして、そのことにより、「物語」において記述される中心は「自己」――とくにその内面――になっていったのである。このことについて、文芸評論家の伊藤整は、「自己」ではなく「個我」という言葉を用いつつ、以下のように説明している（伊藤［1957］2006）。

小説が印刷術によって一般化したとき、そこに予期しなかったことが、起った。それは、印刷された物語りは、もはや街頭や客間で数人のものが一人の語り手の顔を見ながら耳を傾けるというおおっぴらさを失ったということであった。作者が顔を見せず、内密の姿で読者に対面するということであった。それは次第に、公然たる、衆人の共感によって和らげられると同時に個我の優越の抑制される物語りではなく、人間の内側

> の声に発生をゆるすところの新しい形式になった。色々な物語りの作者が、その点に気づいた。書く時には、自分しか居ない。自分が自分に向って確かめることで真実さと美しさとを確立する。そして、この内密の方法が、以前には韻律の仮装と抑制のもとでしか現さなかったことを告白させ、また高揚しようとする作者の個我をこの方法で表現することを可能にさせた（伊藤［1957］2006: 157）

「人間の内側の声」が記述されるようになるとき、それは「物語り」から「物語」への移行を意味していた。伝統的な声の文化によって引き継がれてきたものが、全く機能しなくなったわけではないが、そこには明らかにそれまでにはなかった「告白」という概念が侵入してきたのである。そして、「近代化」の過程において、「告白」は自分自身について自分で語るという方法の最も顕著な方法であり、近代に特有のある種の「制度」とすら言えるであろう。人びとは、それまでにはなかったその方法を利用し始め、自身についての「物語」、つまり、自己物語について記述することを会得していったのである。

とはいえ、ここでひとつ留意しなければならない点がある。それは、「人間の内側の声」が記述可能になったのは、それが「発見」されると同時に、それに合った特有の記述様式が成立したことを意味していると考えられる点である。伝統的に存在していた「物語り」の様式が、自己についての記述に具体的にどのように援用され、変容していったのかを明らかにする必要があろう。伝統的な口述（「物語り」）から記述（「物語」）へ移行したときに「私」――個我――は析出されている。では、この「私」の析出は、何を意味しているのであろうか。

7　自己物語と「共同性」

「物語り」から「物語」への移行は、口述から記述への移行期に起こったマス・メディアの発達と密接に関連している。近代小説の成立と自己物語記述様式の成立が、不可分な関係にあるのも、そのためである。先述したように、人びとはマス・メディアを練習場として利用することによって、自身についての記述に慣れていった。そこでは、析出された「私」の「物語」が生産されていくことになる。そのようにして生産される自己物語が蓄積され、人びとが相互に参照可能になっていったと考えられる。

そこで、本書では、生産された自己物語がその後どのような経過をたどったのか、という帰結について考察することを通じて、「私」が「物語」という記述様式とともに析出された意味について論じていくことになる。そして、それは、自己物語の蓄積が「物語」を基軸とした「共同性」を生成し、かつ、可視化するという機能を果たしていることを示すことになるであろう。例えば、ある自己物語があり、それを知り、参照し、自身の自己物語の中に組み込んでいくという行為が繰り返し起っていることが想定できる[6]。というのも、マス・メディア上のさまざまな自己物語の中から自分と共通のものを探すことが可能になり、対面的なコミュニケーションではないものの、どこかの誰かとの「物語」を通じてのつながりが生じていると考えられるからである。そのつながりは、「物語」を通じた「私たち」という「共同性」の実践から成立しているものとして捉えられる。

先述したように、自己物語にもいくつかの細分化した言語編成が確認されるが、それらは、それぞれ個別に語られた「物語」であるように見えるだろう。しかしながら、それらを大きな視点から包括的に眺めてみると、そこでは「物語」を基軸とした「われわれ」感覚の醸成が起こっており、それはもはや個別性を超えて「私たちの物語」となっていると言えるだろう。この「私たちの物語」の成立過程から「共同性」の生成を見出すことができると考えられる。

そして、それらの「共同性」もまた、どのような言語編成による「物語」なのかによって、いくつかの位相で捉える必要があるものであろう。さらに、そのいくつかの位相について論じることを通じて、「近代化」を捉えるひとつの視点が示されることになる。このように考えると、「物語のはじまり」を問うことは、「近代化」と「共同性」について論じるという、こんにち的意義をもつものであると言える[7]。

8　本書の構成

序章の最後に、本書の構成について述べておきたい。本書では、以下のように議論が展開される。

第1章では、自己物語記述様式の成立を支える諸状況について確認する。まず、識字の問題について当時の教育状況や出版・活字文化の状況などの統計資料を用いて概観する。その上で、「読み」「書く」という行為の対象である「ことば」が創造される過程について、それを記録したものや文学作品等のテキストを提示しながら検討する。そして、「近代化」の過程における「ことば」を分析対象にする意味について論じる。

第2章では、第1章において導かれた「ことば」を分析するということが、どのような方法論的視座によって可能であるのかについて検討する。「ことば」に接近する方法として、ディスコース分析とストーリーの社会学、構造的ナラティヴ分析を取り上げ、ここでは、そのそれぞれの特徴について論じた上で、本書がそれらを組み合わせるかたちで資料を読み解いていくという方法論的視座が提案される。

そこで提案された方法論的視座を基礎として、第3章から第5章までは資料の分析が行われる。

第3章では、第1章で言及した当時の状況を踏まえ、「身の上」という自己物語の成立過程について紙誌上の「身の上相談」の分析を中心にしながら論じる。そして、「身の上」を記述するという行為の意味を「経験」と「物語」という視点から考察する。

第4章では、前章で見出しえた「物語」の様式について、より詳細な検討を行うために、「物語」の物語性とパターンから雑誌上の日記における自己物語を分析する。そして、その分析から「物語」という様式が他者とのつながりを担保するものであることが示唆される。

第5章では、前章で見出された他者とのつながりに後続して起こった現象として捉えられる、人びとの観念上のつながりについて、女性雑誌の「不幸」に関する投書の分析を通じて論じる。

終章では、自己物語記述様式の成立と変容を支える諸条件を振り返りつつ、自己物語記述様式が成立することの示す社会学的含意について考察する。そして、「近代化」が進行する中で、人びとがそれぞれの自己物語を語るということ、あるいは、まさにそのように生きるということをどのように考えることが可能なのかについて、「物語」と「共同性」との関係を論じることによって明らかにする。

本書は、以上を通じて、こんにちでは自明のこととして実践されている、ある特定の様式にしたがって自己物語を記述するという行為を改めて歴史社会学的に検討するものである。そして、この試みは、これまでには論じられることのなかった「近代化」の別の側面に光を当てることにつながるだろう。

注

1 やまだは、ライフストーリーとライフヒストリーの相違点について、「ライフヒストリーが人生の歴史的事実をあらわそうとしているのに対して、ライフストーリーは、生きられた人生の経験的事実をあらわそうとしている」（やまだ 2000: 16）と述べている。

2 ギデンズは、「近代性」（modernity）の発達にとってとりわけ重要であったのは、「国民国家」と「体系的な資本主義生産」であるとしている（Giddens 1990=1993: 215）。上記の桑原と重なる部分もあるが、ギデンズも言及しているように、彼は西欧という地域を念頭に置いて考察を行っているため、日本におけるそれとは異なる論点も見出されていると言える。

3 前島密は、一八六六年に将軍徳川慶喜に建白書を出している。第1章注11を参照されたい。

4 この点について、他の適切な資料があったのではないかという指摘もあるかもしれない。例えば、明治という時代を生きた人びとについて記述されたテキストを用いるといった場合が考えられるだろう。冒頭で触れた一人の老婆の生活史を聞き取った『口述の生活史――或る女の愛と呪いの日本近代』（中野編 1995）や「からゆきさん」を描いた『サンダカン八番娼館』（山崎 2008）、当時記されたルポルタージュである『日本の下層社会』（横山［1898］1949）など、明治という時代がどのような状況であったのかを具体的に知ることのできる文献を挙げることができる。しかしながら、本書との関係において、これらの文献中で描かれている重要な点は、その内容それ自体ではなく、当時において、文字をほとんど読み書きすることができない人びとがいたということである。そのように、文字文化から排除されている人びとが存在したことを考える必要があろう。そして、文字文化はそれだけで独立して成り立っているものではなく、文字文化と口述文化は、相互に影響を受けながら発展してきた。そのため、そのように文字文化と口述文化は、切り離して考えることはできないものである。よって、本書で取り上げられる資料は、純粋な文字文化からなっているものではなく、口述文化も入り混じって成立している、当時の状況そのものである点にその重要性がある。

5 ここで言う社会構成主義とは、「social constructivism」のことを指す。ガーゲンの著作ではこの訳出が使用されているため、ここでもそれに倣う（Gergen 1999=2004）。社会構成主義という言葉と社会構築主義という言葉の相違の詳細については、浅野（2001: 216-218）を参照されたい。

6 これは、現代でのセルフヘルプ・グループでの実践と酷似していると言えるだろう。この点については、終章で改めて論じることになる。

7 こんにちにおいて、自己物語記述様式の成立と変容の過程を論じる必要がある点は以下の点からも考えられる。それは、明治時代だけではなくこんにちにおいてもそれに関心が払われているからである。以下の「物語能力」（Narrative competence）に関する研究と事例は、そのことを端的に示している。「物語能力」は、近年、社会言語学や教育学の領域で注目されている。その議論の中心は、児童・生徒の成長に必要な基本的なリテラシー――日本語で言うところの読み書きそろばん――のひとつとして、如何にこの能力を向上させるかについてである（Dobson 2005）。この「物語能力」についての教育現場での興味深い事例がある。それは、アメリカのある都市での授業での話である。教師が黒板にこう書いた（Riessman 2008=2014: 3）。

私のナラティヴを書く
　出来事が整理されていることを確認しよう
　話をするには、代名詞「私は」・「私の」を用いよう
　次のことを確認しよう
　　―始まりのところが面白いか
　　―ナラティヴが話題からそれていないか
　　―何が、誰が、なぜ、いつ、どこで、が分かるように詳しく述べられているか
　　―最後のところで、自分がどう感じたかが述べられているか
　確認しよう

文章が整っていること
つづり
文法

こんにちの日本においても、自分自身について語る、あるいは、記述するときの上記の引用にある条件が求められることに意義を唱える人はほとんどいないであろう。これらの項目の全てを厳格に実践できなければ「物語能力」がないということではない。しかしながら、この事例は「物語能力」がこんにち求められていることを示しているだろう。このように、共通の様式によって語る、あるいは、書くことが可能になることが求められる理由は、その様式にしたがっている他者の語りや記述の意味の理解も可能になることにつながるからである。「物語能力」は、たんに自身によって自身のことを語り記述することができるというだけではなく、他者の語りや記述を理解することに対しても重要な意味をもつと考えられるのである。さらに、上記の引用において目を引くのは、その様式が細かく指定されている点である。主語、5W1H、「始め」「中」「終わり」等、その使い方と書き方に注意するように指示されている。「能力」というと個々人に備わっている特性のように感じられるが、ここで求められているのは、特性というよりその書き方、つまり「様式」を守れるようになることであると思われる。こんにちの私たちは、さまざまな場面や機会を通じて、自己物語の語り方や記述の仕方を実践しながら学ぶことによって、それがどのようなものかを了解している。そして、他者も自身と同様に了解していると考えているように思われる。学習された自己物語についての語りと記述は、平準化されたものであり、上述したように自己と他者――あるいは社会――についての理解を促しているもののひとつであろう。

第1章

自己物語記述様式の成立を支える諸状況

1　本章の目的

序章でも述べたように、本書では明治時代に記述され流通していた資料を分析の対象とする。これから自己物語記述様式の成立を論じる上で、はじめに確認しなければならないのは、当時の人びとの読み書きをめぐる状況であろう。というのも、文字を「読み」・「書く」という行為ができることによって、はじめて自己物語の記述が可能になるからである。学制が開始されるのが明治五年であるが、人びとが日常的に活字に触れるようになるのはそのずっと後、明治二〇年頃である。加藤秀俊は、この明治二〇年頃について「日本のコミュニケイション市場が一応完成をみせたとき」（加藤 1958: 358）としている。このとき加藤はコミュニケーションについて、郵便や電信、電話等の手段も含めて論じているが、明治時代の中でもとくにこの時期が、「読み」・「書く」という行為の変容においても、ひとつの転換期として捉えられることは本章での考察によっても示される。

そこで、本章では、自己物語記述様式を成立させる諸状況としての明治時代における読み書き能力の形成と向上の過程について、主に「ことば」の問題を中心にして論じる。「読み」・「書く」という行為の対象である文字に人びとが馴化する過程で、それは単なる文字ではなく「生きたことば」として形作られていく。その過程を時間軸に沿って、明治初期から後期にかけて見ていく。

まず、明治初期の「ことば」の状況について井上ひさしの『國語元年』における日本語表象から考える。そこでは、当時の「ことば」をめぐる混乱が確認される。その上で、明治中頃から後期にかけての人びとの識字能力について、教育制度と出版および活字文化の視点から検討する。教育制度の拡充と出版文化の興隆、および活字文化の浸透は、人びとの「読み」・「書く」という行為に変容をもたらしたものである。まず、その過程の中で見られる「読む」行為の変容について考察する。「読む」行為の変容は、行為自体の変容と同時にその対象となるテキスト――「ことば」――の変化と不可分な関係にある。よって、そのような変化とともに国家の課題として浮上してきた「国語」という「ことば」の問題について、早い時期から主張を行ってきた人物のひとりである上田万年の活動を取り上げながら、「国語」という「ことば」の創造について論じる。次に、その「国語」問題と切り離すことのできない言文一致という文体の登場と浸透について、「物語」を記述する主体の成立という視点から「書く」行為によってもたらされた新たな局面について検討する。

以上のような状況は、「ことば」と認識という観点からも考えられるものであり、自己物語記述様式の変容とその成立過程を論じていくためには、人びとの「ことば」を中心的に分析する必要性があることが示される。

2 『國語元年』における日本語表象──「全国統一話しことば」

まだ江戸期の文化が色濃く残る頃、日本には「日本語」という「ことば」が存在していなかった。この「日本語」とは、日本国内における「標準語」にあたるものを指す。後述するように軍隊言語が疑似標準語として流通したが、そもそもは、この軍隊で使用される言語が共通の体をなしていなければならず、「標準語」とはそのために考案されたものとして捉えられる。加藤（1958）は、明治初期の大衆のリテラシーについて以下のように述べている。

> いかにシムボルが中央の機関で製造されても、集団メンバーのあいだにそのシムボルの解読能力がないかぎり、共通のものとしての意味の流通は存在しえない。とりわけ、コミュニケイション通路が「文字」を中心とする時代には大衆の読み書き能力の有無が決定的な基礎条件となる（加藤 1958: 317）

その上で、明治六年に公布された徴兵令による、兵役の果たした役割の影響の大きさについて言及している。それは、兵役により習得された軍隊言語が疑似標準語として流通することになったこと、そして、それが兵士の読み書き能力を向上し、また学制にもれた兵士にも一定の能力を付与することになった点である（加藤 1958: 318）。そのようにして獲得された読み書き能力によって、「地方の僻村の民衆にいたるまで、情報を直接的な経験世界のなかだけでなく、活字をつうじて求めること」（加藤 1958: 335）が可能になったと言う。

このように、日本全国で通用する「国語」という「ことば」に関して、軍隊による使用を想定してその考案がなされていく過程については、井上ひさし原作の『國語元年』というドラマ（井上 1985）および戯曲（井上 2002）が非常に示唆的である。『國語元年』は現実に存在した人物と史実に基づいた作品ではないが、明治初期の「国語」という「ことば」をめぐる混乱がコミカルに描かれている。

そのストーリーは、文部省に勤める主人公の南郷清之輔が、「全国統一話しことば」の作成を命じられ奮闘するというものである。この南郷家が抱える「ことば」の問題は、当時の様子——とくに東京——がコンパクトに表象されている。主人公である南郷清之輔は南郷家の婿養子で、彼自身は長州弁を話す。妻と義父は薩摩弁、女中頭は江戸山の手言葉、人力車夫は遠野弁、預かっている書生は名古屋弁、下男は津軽弁、高齢の女中と若い女中は江戸下町言葉、押し込み強盗で後に居候になる男は会津弁、いつの間にやら住み着いた自称「教授」の公家風の男は京都言葉。山形弁を話す新入りの若い女中が南郷家を訪れるところから話が始まるのだが、それを出迎え、彼女の話しことばを聞いた女中頭が「また頭痛の種が増えましたわ」とつぶやく。作中では、発音や単語の意味内容などをめぐってコミュニケーション上の行き違いが生じる。そして、それを観察して、なんとか「全国統一話しことば」を作ろうと意気込む主人公。家内においてさえ数々の「話しことば」が飛び交っていて収集がつかないのに、全国統一の「話しことば」など作れるのか、ということがコメディタッチで描かれている。

では、なぜこの行き交う会話をこんにちの私たちが楽しめるのか。それは、後に「標準語」として念頭におかれる女中頭の江戸山の手言葉以外の「方言」には、「標準語」に翻訳された字幕が表示されているからである。むしろ、この字幕がなければ何を話しているのかほとんどわからないとすら言える。

このドラマの設定は明治七年ということになっているので、徴兵令の後のことであると思われる。ストーリーの中ほどで、「全国統一話しことば」が必要な理由として、軍隊での号令や命令の伝達などで混乱が起きないようにするためであるということを、主人公・清之輔が家内の他の人間たちに話す場面がある。誰もが全国で使用可能で、コミュニケーションにおいて齟齬が起きないような「ことば」がないという状況は、「近代国家」としての日本の象徴とも言うべき軍隊の運用上の課題であったことが示唆されている。

そして、この作品は、明治初期から起こり始めた人の移動の問題をも案に示している。江戸期のように人の移動の少ない社会では、他の地方で話されている言葉を理解する必要性も低い。明治初期において、人が移動することによって起こる「ことば」、ひいては文化の変容とそれへの対応という課題の浮上をこの作品から考えることができる。さらに、新入りの女中が故郷へ手紙を書く場面では、もうひとりの年の近い女中が「自分は文字が書けないので教えてほしい」と頼む。新入りの女中は実家が寺子屋だったために、見よう見まねで文字を覚えたと言う。この場面も、この頃のリテラシーの格差を象徴するエピソードとして捉えられるだろう。

3　識字をめぐる諸状況――教育・出版・活字

前節では、「ことば」の混乱が引き起こす、この時代に特有の問題について取り上げたが、それは、徴兵令を契機として、日本全国の人びとが理解できかつ使用可能な「ことば」の必要性が浮上したということであった。このような混乱した状態は、教育制度の拡充とそれによって改善された識字能力とにより、ある程度解消していったと言えるが、その一方でまた別の角度からの「ことば」の問題を顕在化させることになっていった。当初の問題が「話しことば」に関するものであったのに対して、その後は「書きことば」に関するもの、あるいは両者の統一という問題へ移行した。

この「ことば」の問題を論じる前に、まず、教育制度が具体的にどのような状況であったのかを検討していく。識字能力の向上は、教育制度の拡充によりもたらされたと言えるが、それと同時に起こった出版・活字文化の浸透の影響も大きい。そこで、識字の問題について教育・出版・活字という視点から検討したい。

自己物語記述様式は、「読み」・「書く」という行為の実践を通して成立していくものである。自己物語の記述が可能になった背景として、これらの行為の変容をあげることができる。そして、そのような変容をもたらしたのが、教育制度の拡充・出版文化の興隆・活字文化の浸透であり、まず、これらを見ることを通じて、自己物語記述様式を成立させる諸状況がどのように整っていったのかを論じていく。

3-1 識字と教育制度の拡充

識字の問題について、まず、教育制度の面から見ていく。明治時代以前に遡ってみると江戸期から文字文化がある程度浸透していたことを指摘しうる（大石 2007）。しかしながら、江戸期から明治中期まで人びとの識字能力の調査は行われておらず、当時の状況についてはいくつかの資料から推し測るしかない。

江戸期の教育学習機関としては、寺子屋が挙げられる。寺子屋は全国に一五万五五六〇校はあったとされるが、この数も明治一六年に行われた調査によって推定されるもので、正確な数字とは言い難い（斉藤 2012: 52）。大石学によると、すでに一六六〇年代から農村部でも農業に関する書物が読まれ実践されていたという（大石 2007: 29）。もちろん、農民ひとりひとりがそういった書物を手に入れ、読んで理解して実践していたというわけではない。武士や僧侶、豪農といった識字能力のある層を媒介として農民たちに伝わるという構造であった（色川 1974）。

また、文部省の統計によると、学齢児童の就学率は明治二〇年代は高いとは言い難いが、明治三三年には男女で差があるものの平均して八〇％を超えている（【表1】）。とくに、明治三〇年代以降就学率は急激に上昇しているが、これは日清戦争後の近代産業の発達に伴う国民生活の向上、および国民教育に対する認識が深まったことと関係しているとされる（文部省 1972: 321）。この就学率の上昇には、さらに、明治三三年の小学校令によって授業料が原則として廃止になったこと——義務教育の無償制の確立——の影響も大きいと考えられる[1]。

【表１】学齢児童の就学率の推移（％）

	男	女
1890（M23）年	65.1	31.1
1895（M28）年	76.7	43.9
1900（M33）年	90.6	71.7
1905（M38）年	97.7	93.3
1910（M43）年	98.8	97.4

※文部省（1972）より作成

このようにして教育制度の拡充によって識字率も改善されていったと考えられるが、この当時全国的な識字率の調査は行われていない。日本で最初の識字率調査にあたるのが、壮丁（徴兵）検査の際に行われていた壮丁普通教育程度調査による、読み書き能力についての調査である。これは明治三二年以降より行われている。しかしながら、この調査も徴兵の対象となる青年男子に対してのみ行われたものであって、女性についてはこの時期の調査はない。以下の、【表2】はこの調査の結果である。【表2】を見ると、先述のような就学率の上昇があった後の明治三〇年代後半に、調査の対象となる成年男子の学歴が上昇していることが読み取れる。そして、この時期をさかいに「読書算術ヲ知ラサ

【表２】壮丁普通教育程度調査

	大学卒業者	同上ニ均シキ学力ト認ムル者	高等学校及其以上ノ学校卒業者	同上ニ均シキ学力ト認ムル者	中学校卒業者	同上ニ均シキ学力ト認ムル者	高等小学校卒業者	同上ニ均シキ学力ト認ムル者	尋常小学校卒業者	同上ニ均シキ学力ト認ムル者	稍々読書算術ヲ為シ得ル者	読書算術ヲ知ラザル者
1899（M32）年	—	—	—	—	0.3%	0.9%	6.2%	4.9%	29.4%	8.9%	26.0%	23.4%
1900（M33）年	—	—	—	—	0.4%	1.0%	6.9%	5.6%	31.0%	9.2%	25.3%	20.6%
1903（M36）年	—	—	0.1%	0.0%	1.2%	1.6%	10.6%	6.8%	35.9%	8.5%	19.4%	15.8%
1904（M37）年	—	—	0.1%	0.0%	1.2%	1.8%	12.4%	7.7%	36.3%	8.3%	18.0%	14.2%
1905（M38）年	—	—	0.1%	0.0%	1.2%	2.0%	14.1%	8.5%	40.0%	8.7%	14.6%	10.9%
1906（M39）年	—	—	0.2%	0.1%	2.1%	2.3%	15.7%	10.4%	36.4%	9.4%	15.0%	8.4%
1907（M40）年	0.2%	0.2%	0.1%	0.1%	2.8%	2.6%	17.0%	10.6%	37.5%	8.6%	13.2%	7.0%
1908（M41）年	0.1%	0.2%	0.1%	0.1%	2.0%	2.5%	18.2%	10.1%	39.9%	8.3%	12.8%	5.8%
1909（M42）年	0.1%	0.2%	0.1%	0.2%	2.1%	2.3%	19.5%	9.1%	42.2%	7.2%	12.0%	5.0%
1910（M43）年	0.2%	0.2%	0.1%	0.2%	2.3%	2.3%	20.7%	9.3%	41.8%	7.3%	11.3%	4.3%

※『陸軍省統計年報』より作成

【表３】高等女学校生徒数の推移（人）

	高等女学校		総計
	官・公立	私立	
1897（M30）年	5,101	1,698	6,799
1900（M33）年	10,052	1,932	11,984
1903（M36）年	23,146	2,573	25,719
1906（M39）年	31,116	4,759	35,875
1909（M42）年	41,213	10,565	51,778
1912（M45）年	50,044	14,011	64,055

※『日本帝國文部省年報』より作成

ル者」という、識字能力をほとんど持たないものが大幅に減少していっていることがわかる。このことは、明治三〇年代中頃から後期にかけて、教育程度が高まり識字率の上昇があったことを示している。

斉藤泰雄は、女子の識字能力については男子と同じ数字になるのにおよそ一〇年遅れほどではないかと述べている（斉藤 2012: 57）。【表3】は、この調査を受ける男性と同年代の女性を含むと考えられる、高等女学校生徒数の推移を示したものである。

高等女学校に進学する女性は、教師となるような存在であり、その意味では【表3】に示されている数の女性においては識字率一〇〇%と言ってよいであろう。もちろん、当時の状況から鑑みると彼女たちのような存在はごく限られていた[2]。

上記のように、教育について識字の面から見てきたが、別の側面にも注目すべきである。それは、教育に使用される「教科書」の問題、つまり識字の対象となるテキストの問題である。

明治五年の学制施行以来、教科書の選定については、内容が教育上不適切でないか「注意」するといった漠然とした喚起しか行われておらず、それに抵触しても制裁がない状態であった。学校が増加し児童・生徒数も増えるにつれ、使用される教科書も数を増す。目に余る状況になってはじめて、明治三四年に図書審査採定に関して制裁が設けられた。

明治三六年まで日本には国定教科書というものは存在しておらず、検定もないまま教科書は使用されていた。国定教科書制度が確立される契機になったのは、明治三五年の教科書をめぐる疑獄事件である（山口 2016: 419-26）。検定図書を配布の段になって粗悪なものにしたり修正したりして販売し、差額を収賄した出版社（金港堂・集英社・普及社）があったのである。さらに、これらの出版社は地方から教科書の選定にやっ

【表4】新聞および雑誌の発行数

1881(M14)年	64,502,841
1882(M15)年	59,011,983
1883(M16)年	57,210,971
1884(M17)年	60,576,701
1885(M18)年	70,916,620
1886(M19)年	81,914,763
1887(M20)年	95,932,270
1888(M21)年	111,594,502
1889(M22)年	151,892,701
1890(M23)年	188,289,728
1891(M24)年	199,168,371
1892(M25)年	244,203,066
1893(M26)年	278,157,421
1894(M27)年	367,735,426
1895(M28)年	409,429,528
1896(M29)年	413,678,619
1897(M30)年	431,813,536

※『明治前期産業発達史資料』より作成

てくる官職者を接待し、利益を独占する工作を行っていたことが発覚する。結局、この事件の召喚・検挙は二〇〇名にも及んだ。この事件をきっかけにして国定教科書制度が確立されたのである。もちろん、当時は国威発揚がうたわれる時期であったこともこの制度の確立と深く関係している。国家として「国民」を管理的に教育するという意図があったことは否定できないだろう。

また後の議論と関係するのが、明治三七年に言文一致体で書かれた教科書が採用されている点である。この時点から、文体の統一を図ることが可能になるほどに、国内の「ことば」の混乱は小さくなりつつあったと考えられる。この文体の統一については、第5節で詳しく論じる。

3-2　出版文化の興隆と活字文化の浸透

上記のように、教育制度の拡充は識字能力の向上の基礎を築いたと言えるが、その基礎を実践的に発展させたのが、当時興隆した出版文化とそれにともなう活字文化の浸透であった。以下では、この出版文化の興隆と活字文化の浸透について、当時の新聞雑誌の出版状況や読者の様子から見ていく。

3-1で参照した就学率の統計（【表1】）がとられはじめた明治二〇年代は、第1節でも触れたように活字文化が出版物を通じて全国に広がっていく重要な時代である。とくに、鉄道網の全国的な拡大は、中央から発信されるメディアの地方への伝達を以前より早く、そして容易にしたと言える（永嶺 2004: 14-21)。これにより、それまでにはなかった「全国紙」が出現することとなった。

右の【表4】は、明治一四年から明治三〇年までの新聞および雑誌の発行数の推移であるが、時代が下るにつれて増加している。明治二〇年には約九六〇〇万だったのが明治二五年には約二億四〇〇〇万となり、五年の間に二・五倍になっている。さらに明治三〇年には約四億三〇〇〇万にまで達している。その後も明治時代の間上昇の一途をたどっている（永嶺 2004: 23)。また、電信の登場と郵便・郵送制度の拡充も出版文化の興隆を後押しした。

永嶺重敏は、「口頭的伝統が漸く後退し、活版印刷による文字文化が確立してくるのが明治三〇年代である」[3]（永嶺 1997: 73）と述べ、また、少年雑誌の流通過程を例に人びとが「読書国民」になっていく様子について論じている（永嶺 2004: 36)。その中でとくに、地方の読者は単なる読者ではなく「投稿」を通じて活字文化に積極的に参加していた点に注目している。東京から発信された少年雑誌が全国の読者に届き、そこから愛読者たちの「投稿」がまた東京に回収されてくるのである（永嶺 2004: 37)。

上記の出版文化の興隆は、青年向け雑誌の状況から見たものであるが、女性向け雑誌の興隆も明治三〇年代以降に見られる。明治一九年の『女学雑誌』を皮切りに、明治二〇年代から女性向け雑誌の発行は見られるが、ほとんどが短命のうちに消えている。比較的長期間安定して発行を続ける雑誌（『婦人画報』『婦人之友』等）が登場するのは、明治三〇年代以降になってからである。

『女学雑誌』を含め明治二〇年代の女性雑誌は、主に知識人向けである。就学率（【表1】）と高等女学校生徒数（【表3】）の統計からも読み取れるように、明治三〇年代以降に女性向け雑誌の興隆が見られるのも、この当時から多くの女性の識字能力が高まったことと関係している。また、女性雑誌においても上記の少年雑誌の投稿のような現象が明治三〇年代から盛んになっている。各誌が投稿（投書）を呼びかけそれに読者が応えていく、そして、読者同士が誌面上からつながっていくことが観察されるのである（第5章）。

このような状況における読者とは、ある種の近代性を帯びていると言えるだろう。というのも、この当時の活字メディアは、「伝統性や地方性を捨象して新たに国民性を刻印され、言語的にも新しく形成されつつあった近代文語文や普通文もしくは言文一致の近代国語によって書かれていた」（永嶺 2004: 37）からである。つまり、「投稿」もこの「近代文語文」「近代国語」によってなされていたことを示しており、このことはまた、人びとに近代的な文字文化が浸透し、活字文化への馴化が見られるということを意味している。出版文化の興隆は、人びとの活字文化への馴化の契機として重要な現象であると言える。

ところで、そもそも活字文化は、印刷という技術の進展なしには成立しえないものである。この技術がなければ大量に消費される活字の供給は不十分となるからである。その消費の対象としての活字の生産を支えていたのが、印刷という技術である。そして、この技術は、「ことば」にも影響を与えるものであると言える。「印刷という技術は、言語の変化と不可分の関係にあったということは明らか」（山口 2016: 263）である。これにさらに加えるとするならば、この技術がもたらしたのは、言語それ自体の変化だけではなく、言語に対する人びとの態度でもある。

このことについて、山口謠司は、「それまでの写本の段階では方言などの影響で揺れていた表記が、印刷によって一定のものへと次第に固定化されていく」（山口 2016: 263）と述べている。つまり、印刷技術の進展による活字大量消費の時代に至る過程は、その消費の対象としての「ことば」がある特定の形式に固定化する過程でもある。その特定の形式とは、印刷表記上のもの——字体——だけを指すのではなく、その文体をも含む。後者は、後に論じる言文一致体であるが、これは先に触れた愛読者たちの様子からもわかるように、彼らはすでにこの全国（日本）で通用する書きことばへ馴化している。「読み」・「書く」という行為の循環によって、彼らはその文体を自分のものとして身につけるのである。そして、その循環は出版流通の網が拡張していくと同時に日本各地に広がっていく。

以上見てきたように、教育制度の拡充による就学率の上昇は、人びとの基礎的な識字能力の向上につながっており、それをさらに実践的に発展させたのが出版文化の興隆とそれにともなう活字文化の浸透であった。新聞雑誌の発行部数の急激な増加と雑誌の出版状況を見ると、この時期に活字を読み・書くという文化が広がり、それ以前のように限られた人びとだけではなく、より多くの人びとがその文化に慣れ親しんでいったと考えられる。

加藤は明治二〇年頃をコミュニケーション市場の確立した時期と見ていたが、それは中央から地方への情報伝達体制が整ったことを意味している[4]。それが、広く市井の人びとの日常生活に定着するのが三〇年代以降であるという理解になるだろう。

4　「読む」態度あるいは方法の変容

前節では、「読み」・「書く」という行為の変容をもたらした教育・出版・活字の状況を見ることによって、自己物語記述様式を成立させる諸状況の土台がどのようにして整っていったのかについて確認した。大量の活字の消費という現象が見られる段階においては、大衆は、活字を読み・書き、そして飼い馴らしているとさえ言えるだろう。そして、実は、このような「ことば」が飼い馴らされていく状況に国家の側は大衆より遅れて対策せざるを得なくなっている。つまり、大衆の側が国の「国語」政策より先んじており、そのような大衆の側の現状に国が政策を合わせるというかたちになっていくのである。このような国の「国語」に関する動向を見る前に、ここでは、自己物語記述様式の成立を支える行為である、「読み」・「書く」という行為のうちの「読む」行為について検討していく。

第5章で詳しく言及するが、明治初期の投書を対象とした研究では投書者の階層が注目される（土屋 2002）。その理由は、それらを読み書きできるリテラシーがどれほど獲得されていたのかという問題が密接に関わっているからである。第3節で見たように、明治初期においては、読み書きができ活字に接することができるのは、一定の水準以上の教育を受けた階層に限られていた。ゆえに、自己物語記述様式の成立は、この時期には見られないと言える。自己物語記述様式は、単純な識字能力におさまらないものを含めて成立するものである。したがって、単純な識字能力自体ですら限られた階層にのみ確認できる状況においては、多くの人びとが実践可能な自己物語記述様式は成立していないと考えられる。この点に関しては、第3章における、明治一九年頃の資料である紙誌上の「身の上相談」を実際に分析することで明らかとなる。

また、自己物語記述様式の成立とは単純に文字を「読み」・「書く」ことができるということ（識字能力）とは異なる。そして、「記述」という言葉からも明らかなように「書く」ということに重きを置いた概念である。しかしながら、自己物語記述様式の成立は、「書く」という側面にのみ注目することではその過程を十分に捉えることはできない。その成立過程を論じるためには、「読む」という側面からも考察が必要である。この「読む」という行為もまた単なる識字の問題としてではなく、近代的な「読む」という行為を指す。それは、他者の自己物語を自身に引き合わせて「読む」ことのできる方法と態度である。

そこで、ここでは、明治時代におとずれた「読む」という行為の変容について検討する。これは、「音読から黙読へ」（前田［1973］2001）という変化として論じられる。現在では読書という行為は黙読が当然であるが、明治初期から中期にかけては音読が一般的であった。教育に使用される漢籍は朗誦を前提としたものであったし、小新聞や草双紙、人情本のようなものも「声に出して読む」ことが想定された活字であった。そして、人びとも実際にそのようにして活字に接していた。

そのような明治時代における読書生活の変容について、前田愛は、これを以下の三点に要約できるとしている（前田［1973］2001: 158-9）。

1　均一的な読書から多元的な読書へ（あるいは非個性的な読書から個性的な読書へ）。
2　共同体的な読書から個人的な読書へ。
3　音読による享受から黙読による享受へ。

このような変化を遂げた読者は、それまでの読者とは全く異質であると言わざるをえない。その姿こそ、前田の言う「近代読者」であり、「作者の詩想と密着した内在的なリズムを通して、作者ないしは作中人物に同化を遂げる孤独な読者」（前田［1973］2001: 209）である。このような態度は、とくに小説を読む際のものを指しているが、これは以下に見るように自分以外のもの——他者——によって書かれた「物語」への接し方としても捉えられる。

ところで、人びとが広く「物語」を含む活字に触れるようになる契機は、新聞の普及にある。日本で初めて発行された現在のようなかたちの新聞（日刊紙）は『横浜毎日新聞』であり、明治三年のことである。その後いくつかの新聞が発行されるが、それらは大新聞と小新聞に大別される。大新聞は政論中心で、小新聞は大新聞に比較して娯楽性が高い。この別はその後消失していくが、小新聞は広く大衆に受容され、活字文化の浸透という機能を果たした。

そして、新聞という活字メディアの中でも、小説は人びとを夢中にさせた。連載されている小説を読むために新聞を買うことすらあり、小説の人気が新聞の売り上げに大きく直接の影響を与えていた（高橋 1992: 181）。伊藤整は、当時の小説の市民性について言及する中で、「紅葉の『金色夜叉』が読売新聞に連載された明治三十年代には、読者もあらわな悲喜をもってこの小説の展開を毎朝迎え」（伊藤［1958］2006: 54）ていたとその状況について述べている。

そのように、ある「物語」に対して「あらわな悲喜をもって」接する態度の成立は、そこで展開されている「物語」を自身に引き合わせて読み込むことが可能になっていることを示している。言い換えるならば、他者によって書かれた他者の「物語」について、文字情報として理解するだけではなく、それを読みながら解釈したり想像を巡らせたりすることができているということである。これは、近代的な読書行為に「密室のなかで作者のエゴの手触りをたしかめて行く孤独な作業」（前田［1973］2001: 158）という側面があることとも重なる。「読者は他人を交えることなく孤独で作者と向い合い、かれが囁く内密な物語に耳を傾ける」

（前田［1973］2001: 207）のである。

このような「読む」行為の変容は、その「読む」対象としてのテキストの変化とも密接に関係している。音読を中心とした読み方で享受されるテキストは、勧善懲悪ものや心中ものが中心であり、それらは「内密な物語」ではなかった。「市民がその中に各々自己の市民生活の問題を見出すことの可能な」（伊藤［1958］2006: 56）「物語」は、新しい文体で書かれたテキストの登場とともに現れる。それらは、自身の「内面」との対話を要求するようなテキストであり、声を中心とした共同体的な読書には不向きであった。このような新しい文体による近代小説の登場は先に触れたとおりであるが、それはジャンルとして新しいというだけではなく、より重要であるのは、それらがどのような（書き）「ことば」で書かれていたかということである。

そこで、以下からは、新しい書きことば体としての言文一致について見ていくが、その前にまず言文一致の浸透と切り離すことのできない「国語」という「ことば」の問題について検討したい。

5 「国語」の創造

第3節での引用において、永嶺が「近代国語」という言葉を用いていることを見たが、この「近代国語」とはこんにちで言う「日本語」である。その引用からもわかるように、「国語」とは近代になってから作られた言語である。本節では、まず、この「国語」という「ことば」が作られる過程において重要な働きをした人物のひとりである上田万年に注目し、次に「国語」と言文一致との関係について見ていく。というのも、上田は、近代国家としての道を歩んでいこうとする日本において、「国語」という「ことば」が乗り越えるべき課題であるという点に早くから注目していたからである。したがって、ここでは、この上田やその周辺の考えを参照しながら、日本において「国語」という「ことば」の問題がどのように捉えられていたのかについて考えていく。

5-1　上田万年の「国語」思想とその活動

上田万年は、「国語」の創造に関わった重要人物のひとりである。上田は、明治一八年に東京大学文学部和漢文学科に入学しチェンバレンのもとで博言学（現在の言語学）を学び、明治二三年から三年間ドイツに留学している。このドイツ留学[5]での経験が上田の「国語」思想に与えた影響は大きい。当時のドイツは、普仏戦争を終えビスマルクによる「統一国家」が実現し、帝国内での言語統制にも成功していた。上田の目には、日本の先を行く存在としてドイツが輝かしく写っていた（山口 2016: 202-8）。

上田は、帰国後に博言学博士として帝国大学の教壇に立つようになる。その一方で、国語改革に力を入れていく。彼は、帰国後の明治二八年に『帝国文学』という雑誌を創刊するが、その中で「標準語に就きて」と題する記事を掲載している。とくにドイツを中心として世界の言語の状況に触れながら、以下のように日本の「標準語」創造——それは「国語」の創造とも言える——のために取るべき方針について述べている。

01　予は此点に就ては、現今の東京語が他日其名誉を享有すべき資格を供ふる者なりと確信す。たゞし、東京語といへば或る一部の人には、直に東京の「ベランメー」
02
03　言葉の様に思ふべけれども、決してさにあらず、予の云ふ東京語とは、教育ある東京人の話すことばと云ふ義なり。且つ予は、単に他日其名誉を享有すべき資格を供ふとのみいふ、決して現在名誉を享有すべきものとはいはず、そは一国の標準語となるには、少し彫琢を要すべければなり。されど此一帝国の首府の言語、殊に其中の教育をうけし者の言語は社交上にも学問上にも、軍術上にも商工上にも其他文学となく宗教となく、凡ての点に於て皆非常の伝播力を有するものなれば、此実力は即ち何にも勝る資格なりといふべきなり[6]

（上田［1895］2011: 44）

〔資料1-5-1-1〕

このように上田は、知識人の用いている東京語を「標準語」とすることを提案している。そして、それをそのままに採用するのではなく改良（「彫琢」06行目）が必要であるとも説く。ただし、注意しなければならないのは、ここでの上田の提案は「話しことば」が主な対象として考えられていることである。明治二八年当時、書きことばは「漢文訓読体」が主であり[7]、それはまた固定化されているということを意味していた。当時における「国語」問題は、数々の方言が使用されているという「話しことば」の現状だったのである。しかしながら、その固定的と考えられていた書きことばも言文一致体の登場と浸透により、その地位が揺るがされることとなる。そして、「国語」の創造は、話しことばと書きことばの結びつきという視点から考えざるを得なくなり、その意味で言文一致運動と重なっていくことになる[8]。つまり、この時点において彼の提案する改良した「東京語」を「標準語」とすることはすぐには実現に至らなかったのであり、この提案はある意味では早すぎたのであった。この点については、5-2で詳しく論じる。

とはいえ、日本国内で「国語」という発想がまだ未成熟な時代において、その果たす実際的な機能とその含意について上田は明確な意思を持っていたと言える。また、上田の「国語」に関する思想が、外国（語）との比較を通じて形成されていることも特筆すべきであろう。このことは、言語の創造というものが、そもそも「比較」という行為から成り立っていることを示しているからである。「比較」という行為を通じて初めて「日本語」という概念が立ち上がり、その規則（文法）や運用が問題化されるに至るのである[9]。

先述の発言の後、上田は「国語」に関する要職を歴任する。明治三〇年に国字改良会を設立、明治三三年には言文一致会を結成する[10]。同じ年、文部省により国語調査委員[11]を嘱託され（明治三五年二月まで）、明治三五年四月には国語調査委員会（正式な政府機関）の委員[12]に任命されている。また、明治三七年六月には教科書調査委員にも任命されている。

明治三五年七月四日に国語調査委員会は、基本方針四つを決議し調査事項を六つ[13]挙げている。以下にその基本方針四つを記す。

一　文字ハ音韻文字ヲ採用スルコトトシ假名羅馬字等ノ得失ヲ調査スルコト
二　文章ハ言文一致体を採用スルコトトシ是ニ関スル調査ヲ為スコト
三　国語ノ音韻組織ヲ調査スルコト
四　方言ヲ調査シテ標準語ヲ選定スルコト

（国語調査委員会 1904: 54-5）
〔資料1-5-1-2〕

本書との関係においてこの中でとくに重要と思われるのは、二と四であろう。なぜなら、文体の指定と標準語の選定という、「国語」を作る上でとくに問題となる「話す」と「書く」という行為に関する、具体的な指針であるからである。ここに、先述の上田の「標準語」に関する提案が念頭に置かれていることは十分考え得る。

先述したように、実は、この二については、これが提示されるよりも大衆の方が先んじていた。明治三四年五月一八日には、『読売新聞』が言文一致会における演説の筆記を掲載し、言文一致の実行を促したという記載が国語調査委員会編集の『國字國語改良論説年表』[14]中にあり（国語調査委員会 1904: 48）、つまり、文体については、大衆の現状に合わせたという方が正確であるだろう。この『読売新聞』の記事は「論説 言文一致に就て」と題して掲載されている。その一部を見てみる。

（前略）我國語と國文との一致を図るといふことが愈よ問題として研究されるような趨勢にまで運んで来たのは、兎も角慶ばしきことといはねばならぬ。世には言文一致の必要は認めて居つても、左まで重大な問題とも思ふて居らない人がまだ余程多いようであるが、是は大変な了見違ひであらうと思はれる。（中略）言文一致の必要は実に國家の運命に大関係を有て居るといふことが分る。（後略）

〔『読売新聞』明治三四年五月一八日〕

〔資料1-5-1-3〕

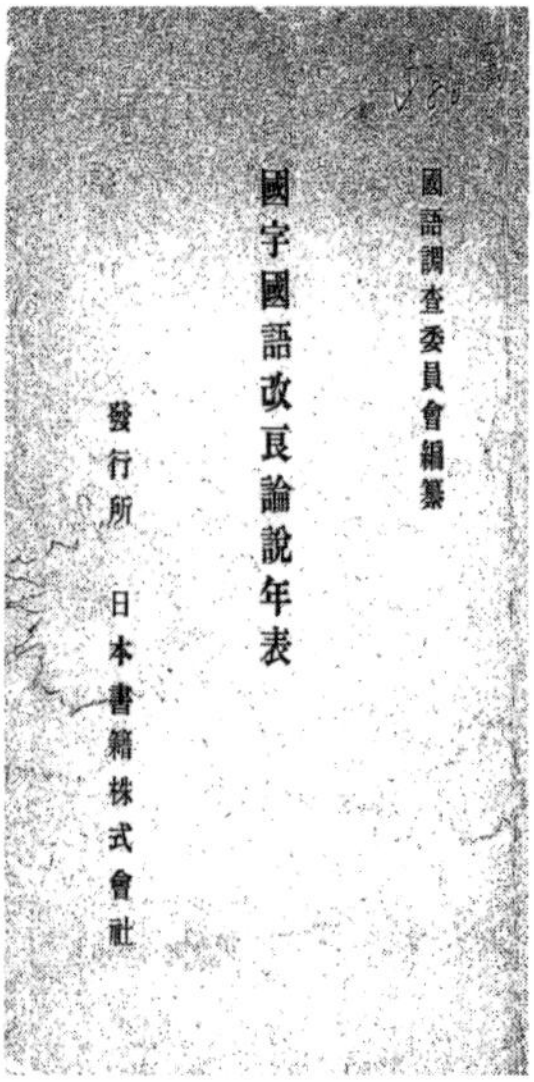

【図１】國字國語改良論説年表

この記事では、言文一致の研究が進行する状況を歓迎しつつも、よりいっそうの研究の進展が求められるとされ、また、言と文の不一致が「国家の運命」に重大な影響を及ぼすものである点が強調されている。そして、ここでは省略しているが、記事の最後では、言文一致の必要性を国民に強く発信していく決意が記されている。

この記事が掲載されたのが明治三四年五月であり、国語調査委員会が基本方針を決議したのが明治三五年七月である。つまり、国の側の政策決定に先立って、マス・メディアの方が言文一致の進展の必要性を強く説いていたのである。当時広く読まれていた新聞に、このような内容が掲載されていることの影響力は少なくなかったと思われる。国もそれを承知しており、だからこそ、『國字國語改良論説年表』中にこの記事に関する記述が残されたと考えられる。

5-2　「標準語」と言文一致

先述の国語調査委員会の基本方針にあるように、「国語」における文体は言文一致が採用されることとなった。言文一致の詳しい考察は次節において行うが、ここでは、その前に世論ではこの言文一致と「標準語」の関係がどのように捉えられていたかを、当時の人気雑誌『太陽』の主幹である高山樗牛の発言から見ていく。

高山樗牛は、当時三〇万部を売り上げる人気雑誌『太陽』の主幹であり、その発言の影響力は少なくなかった。高山はまた、先述の言文一致会の動向にも関心を持っていた。明治三三年六月一日発行の『太陽』の中の「言文一致の標準如何」という記事において、当時の言文一致をめぐる状況について以下のように述べている。

我邦の言と文と余りに離れ、言は聞くもの、文は見るものとなり居るは、言ふまでもなく好ましからざる状態也。少なくとも読で解る位の文にし、書いて読める位の言にするにあらざれば、一国の文化の円滑なる発達を望み得べからじ、こは何人も依存無き所なるべし[15]

〔『太陽』明治三三年六月一日　六（七）〕

〔資料1-5-2-1〕

まず、「言」と「文」が離れてしまっていることが問題として挙げられ、これを「好ましくない」状況として指摘している。「少なくとも読で解る」「書いて読める」という記述からは、未だ一部の人びとにとっては理解が困難な「文」があることが読み取られる。それは、雑誌の発行に携わる高山にとって大きな問題であっただろう。そして、言文一致を進めることに反対する人はいないだろうと言う。なぜなら、言文一致が進むことによって、この問題は解消されていくと考えられるからである。

さらに、この記事に続けて「標準一定は先決問題也」として、その言文一致の「標準点」をどこに求めるかが問題であるという主張を行っている。そして、言と文を一致させるということは、「自然の発達を人為により て速やかに利導するの外無し」として、これまで言語は自然に発達してきたが、この言文一致に関しては人工的に創作するしかないとする。さらに、「如何にして是の標準を一定すべき乎」ではその創作の方針について次のように述べる。

01　文章に対しては、小六かしき、無意義なる文字熟語は成るべく省き、是を耳にし
02　て解り得るを目的とし文学的趣味を甚しく傷けざる限りに於て、徐ろに言語に近
03　づかしむべく、又言語に対しては、余りに下劣なる、或は冗談なる、形式的なる言
04　葉を追々廃止し、是に代ふるに最も平易なる文章体の語句を以てし、其の野卑なる
05　調子を和らげ、日常の実用に甚しく害を及ぼさゞる限りに於て、追々と文章雅語に
06　近からしむべし

〔『太陽』明治三三年六月一日　六（七）〕
〔資料1-5-2-2〕

平易であることを条件としつつ、現行の文章体に言を近づけることを提案している。高山の発言は、先に見た、上田の「標準語に就きて」とほぼ同じ内容であると言える。しかしながら、具体的な提案であるようでそうではない。これは、先での上田の現実的で具体的な提案を含む主張とは異なる。結局、「標準語」作成に関わってくる「標準点」をどこに定めるべきか、という問題の解決策を提示してはいないからである。

また、「追々」という言葉からもわかるように、時間をかけて自然の流れにまかせるというのが当時の高山の考えであったと思われる。

先の上田の「標準語に就きて」は、この高山の発言より五年前ということになる。この二つの主張は「標準語」の設定に関する具体性については異なる部分があるものの、全体としては似通ったものとして捉えられる。つまりこのことは、この五年の間に上田の主張がそのとおりには実現されなかったということを示している。

しかしながら、高山のように「言」の方を「文章」に近づけるべきだという主張が可能になっているのは、上田のときと状況が変化しているためであると考えられる。上田は、「標準語」について「言」に焦点化した主張を行った。上田がその主張を行った当時は、「文」は漢文訓読体という固定化されたものがあったからであった。それに対して、高山は「言」と「文」の摺合せを問題としている。つまり、このとき「文」は固定化されたものではなく、変化の途上にあるものとして捉えられており、だからこそ「標準点」について「言」「文」両方から考えなければならないことが提起されている。ここに、上田が「標準語」についての主張を行った明治二八年の状況と、高山がこの主張を行った明治三三年の現状の違いが表れている。ここに、「言」だけではなく「文」の問題が浮上し、また互いを近づける必要性の高まりが見える。

そこで、次節では、この「文」の問題について当時の言文一致体を参照しながら、この文体のもたらした転機について考えていきたい。なぜなら、それは、自己物語記述様式の成立において重要となる、表現する「主体」の問題を提起するものであるからである。

6　言文一致と「主体」の発見

「文」の変化の途上は、実は、これまで取り上げてきた資料の中にも見られることである。『國字國語改良論説年表』（〔資料1‐5‐1‐2〕、注13、注14）は漢文訓読体で記されていた。それに対して、『読売新聞』（〔資料1‐5‐1‐3〕）の記事および『太陽』の記事（〔資料1‐5‐2‐1〕〔資料1‐5‐2‐2〕）は、現在の「日本語」に慣れている私たちが読んでもほとんど困難なく読める文体で記されている。そこで、本節では、そのような明治二〇年代から三〇年代にかけての文体の変化がもたらしたものが何を意味しているのかについて考えていく。

6‐1　新しい書きことばとしての言文一致

柄谷行人は、言文一致について「言を文に一致させることでもなければ、文を言に一致させることでもなく、新たな言＝文の創出」（柄谷［1978］1988: 49）であるとしている。言文一致というと、話しことばと書きことばを一致させることと理解されていることもあるが、少なくとも「日本語」の場合はそうではない。以下で論じるように、明治中期から後期にかけての言文一致運動は、柄谷の言うように新しい書きことば体の創造の過程として捉えられる。そして、この新しい書きことば体の登場が、自己物語記述様式の成立と変容の過程において大きな意味をもつ。

柄谷は、書く対象として「風景」がいかに発見され、かつ、その歴史性の忘却と同時に転倒が起こったのかについて論じている（柄谷［1978］1988）。その中で明治二〇年代の、正岡子規が提唱した絵画のスケッチのような文による記述である「写生」について言及しているが（柄谷［1978］1988: 30-1）、その論を少し延長するとこの「写生」が別の意味を持っていたことに気づく。「写生」は、風景を「（書き）ことばで書き表す」ことであるという点である。つまり、「写生」が可能であるためには、「風景の発見」と同時にその表現にならなくてはならない「ことば」も創造されなくてはならない。あるものについて、簡略な描写により他者にその光景を想像させうるものとしての、表現のための「ことば」の創造という視点からも考えなければならないのである。明治二〇年代は、この表現方法の創造が模索されていたときであった。

とくに、柄谷は「『表現』は、言＝文という一致によって存在しえた」（柄谷［1978］1988: 50）と言う。「表現」とは、出来事の単なる記述や羅列に留まらない、あるいは、それ以上のものとして浮かび上がるような描写を指すとすれば、この「表現」は、自己物語記述様式の成立と変容に欠くことのできない要素であると言える。なぜなら、この「表現」がなければ、自身に降りかかった出来事や困難な状況等についての他者の理解――あらわな悲喜をもって読むこと（伊藤［1958］2006: 54）――が可能なかたちで記述することはできないからである。もちろん、出来事を単に羅列して記すことはできるかもしれない。しかしながら、それは単に書き連ねるという方法であり「表現」ではないのである。文芸評論家の江藤淳は、「写生」を実践していた高浜虚子の『浅草寺のくさぐさ』（明治三一から三二年）について、「文章を文章としてのみ自己運動させていた『漢文崩し』や『擬古文体』の枠がはずれて、文章が直接対象にしなやかに取りつき、今日の意味でいう描写が適確におこなわれている」（江藤 1989: 17）と評価している。ここで登場する「描写」は、柄谷の言う「表現」とほぼ同義であると考えてよいだろう。

そもそも言文一致は、当初、文学の領域において起こった問題のひとつであった。日本語は、話しことばと書きことばがあまりに乖離しており、登場人物の内面や心理の機微をより正確に描くためにはこのふたつを近づける必要があると考えられていた。

そして、二葉亭四迷は、その困難に立ち向かおうとした小説家の一人である。彼の明治二〇年の作品である『浮雲』は言文一致を試みた最初の小説とされている。しかしながら、枕詞の使用や多くの漢語表現からもわかるように、本人が実現したかった文体とは程遠いものであったようである。これは、彼の回想からも確認される（二葉亭［1907］1994: 63-5）。それでは、その『浮雲』の文体とはどのようなものであったか。その書き出しを見てみよう。

01 千早振る神無月ももはや跡二日の余波《なごり》となッた二十八日の午後三時頃に、神田見
02 附の内より、塗渡る蟻、散る蜘蛛の子とうようよぞよぞよ涌出で来るのは、孰
03 れも顋《おとがい》[16]を気にし給う方々。しかし熟々《つらつら》見て篤と点撿《てんけん》すると、これにも様々種類
04 のあるもので、まず髭から書立てれば、（後略）

（二葉亭［1887］1951: 7）

〔資料1-6-1〕

このような文体であっても、彼の試みたその文体はそれまでの書きことばとは異質のものであった。このようにして、言文一致運動は、ある種「革命的」であった彼の試みが引き継がれそのまま広がっていくのかと思いきや、そうではなかった。森鴎外の『舞姫』（明治二七年）や樋口一葉の『たけくらべ』（明治二八年）

は、二葉亭が模索していた言文一致の文体というものとは異なる文体により書かれていたが、人びとに広く読まれた。

このような言文一致をめぐる運動は、文学界からはじまったが、その影響の及んだ領域はそこだけに留まらなかった。明治三三年に帝国教育会内に言文一致会が創設（5－1）されたことをきっかけに、教育界へも影響が及んでいった。そして、明治三七年の国定教科書『尋常小学読本』は、言文一致を採用したものとなった。つまり、この時期の前後に、言文一致体は人びとの間に急速に浸透していったと考えられる。本書で分析の対象となっている資料を見ても（第3章から第5章）、この時期を前後として文体の差異が明らかである。

6－2　表現する主体の発見

二葉亭は『浮雲』での試みを、「実現したかった文体とは程遠いもの」であったと回想していた。しかしながら、二葉亭はその「失敗」をそのままにしておいたわけではない。彼はこれを克服するために、『浮雲』の第二編では、まずロシア語で書いてからそれを「日本語」に翻訳し直すという策をとった（柄谷［1978］1988: 60）。実は、このように外国語を経由して「日本語」の文に直すということを行っていたのは彼だけのことではない。谷崎潤一郎は、妻への手紙を「日本語」で考えたあとに英語に翻訳し、またそれを「日本語」に訳すという方法をとっていた（山口 2016: 322-4）。

このような、回りくどい方法を取らざるをえなかったのには理由がある。

そのひとつ目は、「表現」上の問題である（6－1）。対象についてしなやかに描写するためには当時の

「日本語」では困難であったという点である。

ふたつ目は、主語の問題である。言文一致以前、文章を記述する際の文体として「和文」と「漢文」が考えられた。しかしながら、自身についてのことを記述するという点において、これらには致命的な問題があった。それは、「『和文』と『漢文』のそれぞれの弱点は、どちらにも主語がない」（山口 2016: 324）という点であった。日本で伝統的に使用されてきた「かな」を中心とした「和文」でも、「漢字」を中心とした「漢文」でも、この問題は避けられなかったのである。とくに、外国語を学び修めた人びとにとってこの問題は大きな障害であった。その点から考えると、言文一致は、新しい書きことばであると同時に新しい文法でもあったと言える。

とくに後者は、自己物語の記述という面から考えると非常に大きな問題であったと言わざるをえない。自己物語において主語は「私」となる。もし、「私」という主語がないまま自身についての「物語」を記述するとして、それは自己物語として認識されるのであろうか。主語として「私」という表記が行われることによって、読み手にそれが彼／彼女の「物語」であることが明確に示される。その意味において、この主語の表記は、読み手――自身と他者――への読み方の標識となる。この標識があることによって、それが他でもない「私」の「物語」であるという理解が促されるからである。

しかしながら、これは、単なる文法表記上の問題に留まらない。言文一致が目指そうとしたのは、「表現」である。「風景」といった、一見意味があるとは考えにくいものを描写するために、この新しい書きことばが必要であったことは先に触れたが、そこからさらにこの「ことば」が誕生した意味について考える必要がある。なぜなら、「風景」の描写が可能になるということは、実は、その「風景」を見ている「主体」の存在が確かなものとして成立していることを意味しているからである。柄谷が「風景の発見」と述べたことにならうならば、これは「主体の発見」となるであろう。

さらに、「風景」の描写においては、主語としての「私」という標識が省略されているにもかかわらず、その存在を疑わない態度が前提とされている点にも注目しなければならない。柄谷が国木田独歩の文章を言文一致の完成と見た（柄谷［1978］1988）のは、この態度の確立が彼の書きことばの中に見られたからである。以下は、その国木田の明治三四年の文体（『武蔵野』）である。

01 （前略）十月小春の日の光のどかに照り、小気味よい風がそよそよと吹く。若し萱
02 原の方へ下りてゆくと、今まで見えた広い景色が悉く隠れてしまって、小さな谷の
03 底に出るだろう。思いがけなく細長い池が萱原と林の間に隠れて居たのを発見す
04 る。水は清く澄で、大空を横ぎる白雲の断片を鮮かに映している。水の潯には枯蘆
05 が少しばかり生えている。この池の潯の径を暫くゆくと又た二つに分れる。右にゆ
06 けば林、左にゆけば坂。（後略）

（国木田［1901］1949: 21-2）

〔資料1－6－2〕

この国木田の文章では、「風景」を見ている存在としての「主体」を表す標識がない。にもかかわらず、その「風景」を見ているのは他でもない「私」であることが明らかに理解可能である。このように省略可能であるということは、その省略の対象――「私」――の存在を安定的なものとして捉え、信頼していること

を意味している。この意味において、言文一致が果たしたものは、「表現」の充実だけではなく、「物語」を読み書きする「主体」の発見とその確立であると言えよう。

7 「ことば」と認識

本章では以上のように、明治の初期から後期までの「ことば」とその運用をめぐる問題を中心に論じてきた。まず、初期の混乱の状態から徴兵令を契機として「標準語」が問題として認識される。そして、教育制度の拡充と出版文化の興隆、活字文化の浸透を経て、人びとの間に「読み」・「書く」という行為の変容が起こった。それはまず、「読む」態度の変容から見られたことであった。これらの変容と同時に、「ことば」としての「日本語」の問題が「標準語」の創造という視点から浮上した。この「標準語」の創造という課題は、「言」と「文」の不一致という当時の問題を顕在化させた。さらに、「言」と「文」の不一致の解消策としての言文一致体の模索からその浸透に至る過程は、文体の問題に留まらず、「物語」の主体の発見と確立の過程として捉えられることが示された。

そのような、「読み」・「書く」行為の変容は、人びとの想像する力の形成過程において、大きな転換をもたらしたことは言うまでもない。どこか遠く、自分が訪れたこともない土地、見たことのない風景、会ったこともない人、彼らの経験すること……。これらのような事柄について、思いを馳せたり共感したりする行為が変容していったのである。

このような視点は、アンダーソンの「想像の共同体」(Anderson 1983=1997)に通じるものとしても捉えられる。アンダーソンは、「出版資本主義こそ、ますます多くの人々が、まったく新しいやり方で、みずからについて考え、かつ自己と他者を関係づけることを可能にした」(Anderson 1983=1997: 63-4) と述べている。明治期の状況に照らしても、この指摘は有意味である。しかしながら、「出版資本主義」は「ことば」の流通を促進する体制であることに違いないが、「出版資本主義」のみに焦点化することでは明治期の「ことば」の問題は十分に理解しえない。したがって、その出版物上で使用される「ことば」の問題を含めて考える必要がある。

こんにちの私たちにとって「日本語」は、疑うことなく「日本語」として存在しており、だからこそ「ことば」として使用することも可能となっている。しかしながら、この「ことば」の歴史性は忘却されている。むしろ、その忘却により「ことば」は使用可能なものとしてあると考えるべきであろう。

これまで見てきたように、「ことば」をある程度自在に、使用可能な水準にまで引き上げるには試行錯誤があった。そこからは、「ことば」による制約とそれに苦闘する人びとの姿が見て取れる。とくに、言文一致という新しい書きことばを獲得するための苦闘について考えることは、忘却された「ことば」の歴史性を再び浮かび上がらせることでもある。と同時に、それはまた、こんにち自明視されている「物語」の「主体」というものの成立について再考するということでもある。

その歴史性に焦点化することによって、「書く」というこんにちでは単純だと考えられている行為が、さまざまな制約の上に成立するものであることが指摘できる。「『書くこと』はあらゆる点で規範に支配される活動であるからこそ、そこから生まれた『書かれたもの』は規範をつくりだし強化していく力をもつ」(イ[1996] 2012: 30-1)。このように考えるならば、規範の生成および変容は、「書く」という格闘とそれにより

「書かれたもの」を継続して生産していくことにより可能となる。新しい「ことば」を創造するということは、つまり、それまでにない社会規範を構築することでもある。さらに言うならば、「新しい文体とは、単に新しい表現の様式というにとどまらず、「新しい認識の回路」（江藤 1989: 15）でもある。新しい「ことば」が新しい――あるいは自由な――「認識」を開拓するのである。「ことば」の歴史性を問うことは、既存の「認識の回路」から新しい「認識の回路」が、どのように形成されてきたのかを問うことである。

そのように、明治期に起こった「ことば」をめぐる運動は、既存の社会規範や思考との格闘として捉えられるのであり、その意味において、明治期を「近代化」が進行する時代として対象化することが可能になる。身分や場所と密接に結びついていた「ことば」が、広く誰にでも接続可能なものとして開かれていったことにより、それまでの「社会」とは別の「社会」が模索され展開されていった。このことは、「ことば」が既存の社会構造を変容させる力を持つことを示している。

以上のことから、当時運用されていた「ことば」を分析の対象として据える必要性が導かれる。当時の「書かれたもの」の詳細な分析から、「近代化」という社会変動を考察し論じることが可能となる。

注

1　明治三三年一〇月発行の雑誌『ホトトギス』に掲載されている教員の日記には、「今日出席の生徒少きは昨日より徴収し始めたる授業料を収むる能はざる者多きに由る」（四（二））という記述がある。

2　当時の年齢別人口が不明のため、彼女たちのような存在の具体的な割合は産出できない。公立・私立の学校数の推移および各種学校の生徒数は、稲垣（2007）を参照されたい。
3 口頭的伝統は活字の読み方や消費の方法にも大きく影響しており、その点については第4節以降で詳しく述べる。
4 山口も出版文化の興隆がこの時期にあり、全国の津々浦々に雑誌や書籍を置く本屋が作られたとしている（山口 2016: 157-8）。
5 上田はドイツの後、フランスにも六カ月間留学している。
6 行番号は筆者による。以下の資料も同様である。
7 〔資料1-5-1-2〕および注13と14の文体を参照されたい。
8 後に触れる国語調査委員会編集の『國字國語改良論説年表』では「国語」問題に関係すると捉えられる出来事が並べられているが、明治二〇年代前半には山田美妙の言文一致に関する発言が多数取り上げられている（国語調査委員会 1904）。
9 これは、日清戦争から日露戦争を経て浮上する、占領地での「言語政策」とも関係する。占領地での「国語」教育とは「日本語」教育を意味し、それが可能となるためにはそのときすでに教授すべき言語としての「国語」が存在していなければならないことをも含意している。むしろ、言語としての「国語」という思想が、占領地での「言語政策」の実施とともに醸成されたとも言えるだろう。
10 この年の八月、文部省は小学校令において「読書作文習字を国語の一科にまとめ、仮名字体・字音仮名遣いを定め、尋常小学校に使用すべき漢字を千二百字に制限」（山口 2016: 467）している。
11 委員長は前島密である。前島は、日本においていち早く「ことば」の問題を提起した人物である。彼は、一八六六（慶応二）年に「國字國文改良ノ議」を将軍徳川慶喜に建白している。上田以外の委員は、那珂通世、大槻文彦、三宅雄二郎（雪嶺）、徳富猪一郎（蘇峰）、湯本武比古となっている（国語調査委員会 1904: 36）。大槻文彦は、明治二一年から二四年に日本で初めての日本語辞典『言海』を作った人物として知られている。
12 委員長は加藤弘之、委員は嘉納治五郎、井上哲次郎、澤柳政太郎、上田万年、三上参次、渡部董之介、高楠順次郎、重野安繹、徳富猪一郎（蘇峰）、木村正辞、大槻文彦、前島密である（国語調査委員会 1904: 52-3）。

13　調査事項は以下の通りである（国語調査委員会 1904: 55）。
一　漢字ノ節減ニ就キテ
二　現行普通文体ノ整理ニ就キテ
三　書簡文其他日常慣用スル特殊ノ文体ニ就キテ
四　国語假名遣ニ就キテ
五　字音假名遣ニ就キテ
六　外国語ノ写シ方ニ就キテ

14　この年表は、国語調査委員会が編集したものである。その凡例には「本書ハ本会調査ノ進行上國字國語ノ改良に対スル公私ノ施設、学者ノ諸説、及ビ世論ノ傾向ヲ知ルノ必要アルヨリ、維新前後ノ奏議建策ヲ始メ、従来幾多ノ書籍新聞及ビ雑誌等に発表セラレタル論説ニシテ、苟モ事此ニ関係セルモノハ皆其主意ヲ摘ミ、其発表ノ歳月ヲ逐ヒテ之ヲ列記セルモノナリ」（国語調査委員会 1904: 1）と記されている。

15　旧字体は新字体に改めている。これ以下の資料も同様である。

16　あごの意。

第2章　「ことば」を分析する方法

1　本章の目的

前章では、自己物語記述様式の成立を支える基礎となった諸状況について、読み書きという行為の変容の過程を追いながら、新しい書きことばの成立が「物語」の「主体」の成立を意味していたことが見出された。そして、その過程において、「近代国家」にとって欠くことのできない統一の「ことば」を日本が持っていないという問題が浮上し、その「ことば」がどのように探究されるようになったのかが確認され、当時の「ことば」とその運用に注目する必要性が導かれた。

序章でも触れたが、本書では人びとが書き残した紙誌上の「ことば」――テキスト――を分析の対象とする。本章では、この「ことば」に接近するいくつかの方法論を検討することを通じて、本書における分析の方法論的視座について提示する。

そのいくつかの方法論とは、語りの機能について考察するディスコース分析と、語りの表出と流通を問題とするストーリーの社会学、そして、人びとの語りの構造に注目する構造的ナラティヴ分析[1]である。ディスコース分析およびストーリーの社会学、構造的ナラティヴ分析は、それぞれに人びとの「ことば」を分析対象としている。しかしながら、「ことば」を分析する方法はこれらだけではない。これらの方法以外に、「ことば」を分析対象とする方法論には、フーコー流の言説分析や相互行為論(の一部)、会話分析、エスノメソドロジー、ライフヒストリー分析などを挙げることができる。このようにいくつもある方法論の中で、本章でこの三つの方法論を検討するのは、本書で分析の対象とするテキストと本書の目的にとってもっとも有効であると考えられるからである[2]。

そこで、ここでは、それぞれの方法論の利点と難点について検討し、それらを組み合わせた新たな方法論的視座を提示するために、まずディスコース分析についてそれが起こった背景および特徴を論じ、次に、ストーリーの社会学の語りへのアプローチ方法を中心に論じる。そして、構造的ナラティヴ分析についてその初期の成果から振り返りつつその意義について検討する。

これらの三つの方法論は、それぞれが独立したかたちで展開されているが、これらを組み合わせた方法論的視座を提示するのは、そうすることによって、人びとの「ことば」から自己をめぐる記述様式の変容とその意味について考察することが可能になるからである。

とはいえ、序章で述べたように本書が分析の対象の中心とする「言語編成」については、それを直接的に扱った研究はなく、構造的ナラティヴ分析におけるナラティヴの構造の概念を参照することを経由して説明することになる。そのように、言語編成について論じていくためには、多少遠回りの作業を含むが、本書が採用する分析における独自の方法を明確にするためにも、この作業を回避することはできない。

2　ディスコース分析の利点と難点

まず、ディスコース分析が、どのような企図のもとに展開されているのかを見ていく。ディスコース分析は、それまでの伝統的な心理学的アプローチとは方法を異にするものとして企図されたものであることを確認しつつ、その利点と難点について本書の目的と分析対象との関係において検討していく。

2-1　ディスコース分析とは何か

ディスコースとは、日本語では、言説あるいは談話という訳語があてられる。よって、ディスコース分析という言葉は、言説分析あるいは談話分析と訳される場合がある。そもそも、「ディスコースとは何か」という点から確認しておくことから始めなければならないだろう。バー（Burr 1995=1997）は、社会的構築主義についてその立場の特徴を論じる中で言説分析を取り上げているが、そこにおいて言説について以下のように言及している。

言説とは、何らかの仕方でまとまって、出来事の特定のヴァージョンを生み出す一群の意味、メタファー、表象、イメージ、ストーリー、陳述、等々を指している。それは、一つの出来事（あるいは人、あるいは人びとの種類）について描写された特定の像、つまりそれないしそれらをある観点から表現する特定の仕方を指す（Burr 1995=1997: 74）

この言及において注目すべきは、出来事それ自体ではなくその描写の「特定のヴァージョン」および「特定の仕方」を問題としている点である。人びとは、出来事あるいは物事についてある観点から、それらがその場面において有意味となるようにいくつかのヴァージョンによって説明（account）を行うのであり、その説明の仕方こそを問題にしなければならないのである。

例えば、伝統的な心理学では、ある態度について尺度を用いて測るということを行ってきた。ディスコース分析を展開させる中心的存在であるポッターらが例示する研究は、有色移民に対する「態度」について、友好的か否かを「非常に敵対的」から「非常に友好的」の七段階による評価の統計から測ろうとするものである。それに対して、ポッターらは、人びとはそれらの解答（選択肢）を選択してはいるが、具体的に有色移民についてどのような回答がなされ、それはどのように表象されているのかを分析しなければならないと主張する（Potter and Wetherell 1987: 43-55）。人びとに個別にインタビューを行うと、彼ら／彼女らの有色移民に関する「態度」には、それらを選択肢での調査で測ることでは発見できない、多様性と可変性をもつディスコース――語り――が次々と現れたのである。つまり、人びとはその場面に応じて、自身の「態度」や考え方を陳述するのであり、その陳述の仕方は、説得性をもつものであるように語られたり、一貫性をもつものとは思われないようなかたちで表象されたりするのである。

このように、ディスコース分析は、それまでの伝統的な心理学がとっていた、人びとの「態度」に関する研究への批判的観点を取るものである。よって、ディスコース分析とは人びとの言語実践に注目することによって、従来固定的と想定されていたものについて接近することを可能にする方法として位置づけられると言える。

そもそも、ディスコース分析とは、言語行為論・記号学・エスノメソドロジーを下敷きにしている（Potter and Wetherell 1987）。先にも述べたように、ディスコース分析においては、人びとは言語の使用を通して、社会的世界についてある特定のヴァージョンを構築するという視点に立つ（Potter and Wetherell 1987: 33）。そして、人びとは物事を単に陳述するのではなく、そのようにまさに物事を実践するのであり、それらは社会的・政治的示唆を含むものであるとされる（Potter and Wetherell 1987: 6）。つまり、ディスコース分析は、言語実践が社会的文脈において果たす機能を論じようとするものであると言うことができる。

このような観点は、それまでの心理学においては取られていなかったものであり、語りに関する考察の射程を広げた点を評価できる。

一方で、ディスコース分析においては、語りの受け手――読み手――を語りに影響を与える存在としてほとんど考慮しない。それは、ディスコース分析の特徴でもあるが、その語り自体のある種の働きを分析の中心とすることと関係している。このような視点は、従来の心理学的研究においては見られなかったものであり、ディスコース分析の利点であると言える。しかしながら、本書で分析するテキストは、マス・メディア上に記述されているものであり、読み手の存在を無視することはできない。そのため、ディスコース分析的な考察の射程を取りつつも、読み手の存在についても、彼らをその語りを構成するものの一部として扱う方法論を組み合わせる必要があると考えられる。この点については、次節で検討するが、その前に、ディスコース分析が「ことば」の分析における、ある種の態度として捉えられることを確認しておく必要があるだろう。

2-2 態度としてのディスコース分析

これまで見てきたように、ディスコース分析はそれまでの心理学の伝統的手法を批判的に検討した上で、人びとの言語実践に注目しその機能を考察するものである。この言語実践に注目するという視点は、分析におけるひとつの態度であると言える。なぜなら、ディスコース分析は、従来の視点を転換するという動きを伴っており、この動きを起点として、人びとの言語実践に接近しようとするからである。

この点について、鈴木聡志らは、ディスコース心理学（discursive psychology）の実践を紹介する著作の冒頭で、「ディスコース分析とは言語データに向かう際の態度である」（鈴木・大橋・能智編 2015: 1）と述べている。鈴木らもポッターらと同様に、心理学の伝統的なスタンスから新しい視点への展開を企図し、言語データに対して、内容分析やカテゴリー分析にはおさまらない新しい方法を模索する中でディスコース分析に行きついている（鈴木・大橋・能智編 2015）。これは、質的研究に従来とは異なる新たな視点を組み入れようとする動きである。

一方、鈴木らが指摘していることでもあるが、ディスコース分析には一枚岩的に決まったやり方があるわけではない（鈴木・大橋・能智編 2015: 14）。ただし、調査で得られたさまざまな語りについて、それらが「どのようにして他でもないそのかたちで表象されているのか」という点から語りに接近するという点は、ディスコース分析における一貫した態度であると言える。先にも言及したように、人びとの語りには、その現実を説明する多様なヴァージョンが存在する。つまり、分析の際には、語りの多様性を常に想定し、その中で「語りが他でもないそのかたちで現れるのは如何にしてか」という点に留意しなければならないということである。

このような態度は、方法論的ディスコース主義（佐藤 2006）と言うことのできるものである。人びとの語りについて、まず言語実践に注目することによってそのありように接近し、そして、そのありようがどのような機能を果たしているのかを考察するのである。

本書は、このような考察の射程を取ることによって、人びとの語り——本書の場合は記述されたテキスト——に対して、「その語りが他でもないある特定のかたちで現れるのは如何にしてか」、そして、それは「どのような機能を果たしているのか」について考えていくものである。人びとの「ことば」への注目から、それらが現れる「特定の仕方」を問題とし、その「特定の仕方」の働きとその帰結を明らかにしていくのである。

しかしながら、先で見たように、ディスコース分析では、「ことば」——テキスト——の読み手の存在をそれに影響を与えるものとして考慮しない。そこで、この難点を補足するために、読み手の存在を「ことば」の表出とその流通において重要な役割を担うものとして捉える方法論を検討した上で接合する必要がある。

3　ストーリーの社会学の利点と難点

そのディスコース分析の難点を補足するための方法論とは、ストーリーの社会学である。というのも、これから述べるように、ストーリーの社会学においては、そのストーリーの読み手を語りの表出と流通に影響を与える重要な存在として捉えるからである。

ストーリーの社会学は、プラマー（Plummer 1995=1998）によって提案されたもので、ある特定のストーリーが如何にして表出するに至るのか、その過程を詳細に検討するものである。プラマーは、とくに、個人の秘匿とされてきた性的な語りが如何にしてある特定の時期に表出するに至ったのかについて論じている。

例えば、レイプあるいはそれからのサバイブについて、人びと――とくに女性たち――が語り始めるのにはいくつかの段階があったことが論じられている。はじめは、フェミニストたちが考えるほどには問題とされない時期があり、その後男性セクシュアリティ反対運動から問題化されるに至る。しかしながら、この段階においてはまだ当事者たちは語ってはいない。そして一九七〇年代に重大な変化のときを迎える。それは、第二波フェミニズムの台頭によるレイプに関する（再）問題化である。

それは、古いストーリーを「神話化」して捨て去り、新しいストーリーを創造するという行為によって可能になった（Plummer 1995=1998: 140）。例えば、「レイプ犯はセックスに飢えた男である」といったストーリーから、「女性たちは潜在的にはみな犠牲者である」といったように変えるのである。それは、レイプに政治的な意味――権力、暴力――が付与されることを意味する。以前は想定されていなかった夫婦間のレイプが、虐待あるいは犯罪に転化する。配偶者へのレイプがありうるものとして法に組み込まれていく中で、それは日常生活の中によく見られるストーリーとなっていく。そのような過程の中で、カウンセリングや支援団体等が立ち上がっていくことにより、女性たちは自身の経験について語る契機を得ていくのである。それに加えて、さまざまなメディアが彼女たちの語りを大衆に伝え、ストーリーは広がっていく。かくして、それ以前は問題視されない、あるいは、黙殺されていた経験に関するストーリーが、大衆化していったのである。

ここで重要であるのは、当該ストーリーの受け手あるいは読み手の存在が、それまで潜在的であったストーリーが表出する局面で大きな役割を担っているということである。人びとは、ストーリーの受け手であると同時に語り手でもあるということが、ストーリーの表出には欠くことのできない条件なのである。

このように、あることに関するストーリーは、当該社会においてほとんど目を向けられない段階から、社会運動の過程で表出し、マス・メディアを介して急激に噴出する段階へと道をたどる。当初は個人的であり公に語られるべきでないものとされていたストーリーが、ある特定の諸状況が整うことにより表出する。その状況のうち、とりわけ、マス・メディアの影響は大きいと言えるだろう。というのも、マス・メディアは、個人的であり公に語られるべきものでないとされていたストーリーについて、それらに語られる権利を付与する働きをするからである。一度マス・メディア上で流通したストーリーは、反復的に参照・使用されることを通じて、そのストーリーを人びとに利用可能なものとして提示し、さらなる使用を促す。このようにして、表出したストーリーの流通は加速していくのである。

バウマン（Bauman 2000=2001）は、このマス・メディアを介したストーリーの流通について、トークショーを例にしてその果たす役割に言及する中で、以下のように述べている。

不安や不幸せの感覚は、はっきりと名前がつけられないかぎりは解決されないが、これは容易な作業ではない。苦悩は私的、個人的なものであるが、「私的言語」を使って感覚に名前をつけても、意味不明でし

> かないからだ。どんなに私的で、個人的な苦悩であっても、適切に名づけられるためには、選ばれた名前がおおやけに通じるものでなければならず、人々が共有し、理解しうる語彙に含まれていなければならない。トークショーは、まだ誕生していないが、まもなく誕生するであろう公的言語の公開講座だといっていい。トークショーは「問題に名前をつける」ために必要な語彙を提供し、多くの人々にも理解できるかたちで、言語化されていないものを言語化する（Bauman 2000=2001: 89-90）

人びとは、マス・メディア上で語られているストーリーから新しい語彙を学ぶ。そして、それらを自身のストーリーにおいても利用することによって、自分のストーリーを「多くの人々にも理解できる」「公的」に認められるものとして提示することが可能になる。人びとはマス・メディアを通じて、どのような語彙がその社会にとって有効であるのかを学ぶのである。このような学習は、語り手と聞き手の共同作業とも言えるものであり、これは、語り手は語り手であると同時に受け手であり、その受け手も受け手であると同時に語り手となる存在であることを意味している。つまり、ストーリーの表出と流通は、この共同作業を通じて生じる現象であると言えるだろう。

以上のような視点は、ある特定のストーリーがその権利を獲得していくためには、いくつかの契機が必要であり、その獲得の過程とはまさに「ことば」を得ていく過程として捉えられることを示している。ストーリーは、「ことば」が学習されることによって徐々に形成され、その運用が試行錯誤され、語られるに至るのである。

このように、プラマーが明らかにした後期近代におけるストーリーの表出の過程に関する議論とバウマンの指摘は、自己物語記述様式の成立過程を論じるにあたって示唆的である。というのも、あること――自己――に関する記述が、ある特定の様式によって現れてくる過程は、それを支える諸状況が整うこと（第1章）と人びとの試行錯誤による学習によって可能になると考えられるからである。

そのように、プラマーとバウマンの指摘は、語られる対象が形作られる過程を論じるのには非常に示唆的である一方、語られるその対象が含まれている様式についての議論は展開されていない。とくに、プラマーは、語られる対象の具体的な内容とそれが語られるに至る過程とについての分析を行っているものの、その語り自体がどのような様式で現れているのかという点には注意を払っていない。

では、その語りの様式を捉えるためにはどのようなアプローチが考えられるのだろうか。次節では、構造的ナラティヴ分析におけるナラティヴの構造を明らかにするという分析方法を検討することを通じて、この点について論じていく。

4　構造的ナラティヴ分析の展開

先述のストーリーの社会学において、語りの様式に注意が払われていないのは、プラマーが分析の対象とした時代においては、自身について「物語」の様式で語ることが、すでに前提となっているからであると考えられる。

一方、本書で分析の対象とする紙誌上のテキストは、近代化の過程における当時の人びとの自己をめぐる経験の表象そのもの、あるいは、その残滓であり、彼ら／彼女らのその経験のありようは後に明らかになるように、ある特定の様式――「物語」――を通して記述されるようになっていく。つまり、「物語」という様式が定式化していない状況における語りも分析の対象となっていくのであり、この語りにおける「様式」を分析する視角が必要となる。そこで、まず「物語」というものがどのように捉えられるのかを、ナラティヴ分析をめぐる議論を通じて検討していく。

4-1 ナラティヴの定義をめぐる問題

ナラティヴ分析は、人びとの「物語」を分析するという側面から質的研究法のひとつとして位置づけられる。しかしながら、「物語」は、調査・研究で得られるようなものだけではなく、いたるところに存在する。バルトは、このような状況について以下のように記している。

> 物語は、神話、伝説、寓話、おとぎ話、短編小説、叙事詩、歴史、悲劇、正劇、喜劇、パントマイム、絵画、焼絵ガラス、映画、続き漫画、三面記事、会話のなかに存在する。そのうえ、ほとんど無限に近いこれらの形をとりながら、あらゆる時代、あらゆる場所、あらゆる社会に存在する（Barthes 1966=1979: 1）。

この「リスト」にはまだまだ加筆ができそうである。それほどに私たちは「物語」のなかにある、あるいは、「物語」とともに生きている。

C・リースマン（2008 = 2014）は、『人間科学のためのナラティヴ研究法』の中で、ナラティヴ分析を「テーマ分析」「構造分析」「対話／パフォーマンス分析」「ヴィジュアル分析」に分類し、各分析の代表的研究と位置づけられるものを取り上げて紹介している。本節で論じるナラティヴ分析は、ナラティヴの構造に着目するもの——構造的ナラティヴ分析（上記の「構造分析」）——が中心になる。というのも、後述するようにナラティヴ分析はこのアプローチからはじまり、その展開の過程を見ることが本章の目的のために適しているからである。そこで、構造的ナラティヴ分析がどのように変遷してきたのかを振り返りつつ、構造的ナラティヴ分析とそれに関連する研究を配置しなおしながら、ナラティヴ分析において構造に注目する意義について確認していく。

4-1-1　ナラティヴとは何か

先に見たように、バルトは「物語」の「リスト」を提示したが、そもそも「ナラティヴ分析」という言葉における「ナラティヴ」とはどのようなものを指すのか、あるいは、どのような定義を与えることができるのであろうか。

とはいうものの、ナラティヴを厳密に定義する、あるいは、認識を共通にすることは非常に困難であると言わざるを得ないだろう。この点について、やまだようこ（2019）は、「ものがたり（ナラティヴ）の定義は研究者によって異なる」（やまだ 2019: 141）と述べている。このように言われるのは、ナラティヴを分析の対象として扱ってきたこれまでの研究から考えると、そのナラティヴを分析方法から切り離して、誰もが了解できるような「定義」を行うことが有意味でない場合もあるからである。

そのような、ナラティヴという言葉の定義の困難性をめぐる問題については、後にその詳細を捉えることとし、現段階では、まず一般的に想定されるナラティヴという言葉の表面上の意味を抑えたうえで議論を進めていきたい。

野口裕二は、ナラティヴを「物語」あるいは「語り」と訳することができると述べている（野口 2002: 1; 2009: 3）。その上で、ナラティヴを日本語に訳さずカタカナで表記することについて「『語り』と訳すと『物語』という意味が抜け落ち、『物語』と訳すと『語り』という意味が抜け落ちてしまう」（野口編 2009: 1）からであると指摘している。そして、その両義性と連続性を表すためにナラティヴというカタカナの表記を用いるとしている（野口編 2009: 2）。

また、先でも言及したナラティヴ分析の方法について記されたC・リースマンの *Narrative Methods for the Human Sciences*（2008）の日本語訳版が出版されたのは二〇一四年であるが（Riessman 2008=2014）、日本語訳版のタイトルは『人間科学のためのナラティヴ研究法』となっている。Narrative がカタカナ表記でナラティヴとされているのである。この例に見られるように、Narrative は現在ナラティヴというカタカナ表記でその意味が理解されていると言えるだろう。これ以前から、ナラティヴ──ときにはナラティブ──というカタカナ表記を冠する文献も多くみられる。

繰り返しになるが、ナラティヴとは何かを定義づけることは非常に困難である。というよりも、あえて定義しない、あるいはそのつど意味づけることで研究としての発展があったと考えるべきかもしれない。

例えば、ナラティヴの構造に着目した研究ではその構造上の特徴からナラティヴを定義し、またナラティヴの語るという行為の側面に着目した研究では相互行為的な意味合いで定義される。先のC・リースマンの著作の中でもナラティヴについて「単一の明快な定義は期待できそうもない」（Riessman 2008=2014: 7）と述べられている。

そして、C・リースマンは「テーマ分析」と位置づけられる研究を四つ、「構造分析」と位置づけられる研究を六つ、「対話/パフォーマンス分析」と位置づけられる研究を三つ、それぞれの代表的なものとして合計一三のナラティヴ研究を取り上げている(Riessman 2008=2014)[3]。そして、それぞれの研究におけるナラティヴの定義を取り出す。つまり、一三のナラティヴの定義があるということであり、それぞれの研究によってナラティヴの定義が異なることを実際に認めているのである。ここにも「単一の明快な定義」を行うことの困難性が示されている。

4-1-2 「物語」とは何か

ここまででナラティヴの「定義」が困難であることが確認されたので、いったんナラティヴという言葉から離れ、「物語」という概念について検討する。というのも、ナラティヴ分析の指南書でその定義をめぐって言及されるのが、物語論(Narratology)における「物語」の捉え方だからである。

物語論では、「物語」を時間的に秩序づけられた出来事のシークエンスとして扱ってきた(De Fina and Georgakopoulou 2012: 2)[4]。これは、小説論の古典として知られるフォースターのストーリー(story)の概念に近い。フォースターは、ストーリーを「時間の進行に従って事件や出来事を語ったもの」(Forster 1927=1994: 40)としている。一方、ストーリーと対になる概念としてプロットがあるが、これについては、ストーリーと同様に時間の進行に従って事件や出来事を語ったものであり、「事件や出来事の因果関係に重点が置かれ」(Forster 1927=1994: 129)たものとしている。

例えば、「王様が死に、それから王妃が死んだ」というのはストーリーで、「王様が死に、そして悲しみのために王妃が死んだ」というのはプロットとなる。

これらを含むかたちで、井上俊は「物語」を「現実あるいは架空の出来事や事態を時間的順序および因果関係に従って一定のまとまりをもって叙述したもの」（井上 2000: 158）としている。井上の主眼は、人びとの人生を「物語」の観点から読み解こうとすることであり、「物語」の定義をすることによってその意味を狭めることではないが、以下の点はこんにちまで「物語」が注目されてきた理由のひとつを示しているだろう。


私たちは、自分の人生をも、他者の人生をも、物語として理解し、構成し、意味づけ、自分自身と他者たちとにその物語を語る、あるいは語りながら理解し、構成し、意味づけていく――そのようにして構築され語られる物語こそが私たちの人生にほかならない（井上 2000: 163）[5]

また、浅野智彦（2001）は、この井上の考え方に言及しつつ「物語」の観点から自己論を展開させている。その中であげられている「物語」の特徴は、（1）視点の二重性、（2）出来事の時間的構造化、（3）他者への志向、の三つである（浅野 2001: 7-13）。とくに（2）出来事の時間的構造化という特徴については物語論を概観する中から抽出されたものである点には留意したい。

これまで見てきたように、ナラティヴの「定義」は困難であるが、それがどのように捉えられているのかを、物語論における「物語」に対する考え方から「特徴」としてあげることは可能である。井上（2000）の指摘から考えると、「物語」を分析することは、私たちが日常世界をいかに理解し意味づけているのかをまさに「理解」することにつながっていく行為であると言える。ブルーナーの言葉を借りるならば、「物語は人びと相互のコミュニケーションのあり方、そして世界を経験するその方法を形作るだけでなく、私たちが何を思い描くのかそして何ができるのかという感覚の形式をも提供する」(Bruner 2010: 45)。つまり、私たちの日常世界に対する認識方法や対処方法が、「物語」の分析から導かれると言えるだろう。

4-2 構造的ナラティヴ分析の系譜

以上が物語論における「物語」の捉え方であるが、ここからは、構造的ナラティヴ分析とそれに関連する研究を取り上げながら、それらの成果について検討していく。この作業を通して、分析対象としての「言語編成」という概念を提示したい。

ナラティヴ分析にはふたつの源流がある。ひとつは、社会学や心理学で「人」に中心を置くバイオグラフィーやライフヒストリー研究の流れである。もうひとつは、物語論に位置づけられるもので、ロシアフォルマリズムや構造主義の流れである (Squire, Andrews and Tamboukou 2008: 3)。

ここでは、このふたつの流れについて、これらを別々に展開されてきたものと見るのではなく、両者がつながりをもつものであるという視点から、いくつかの研究と動向を年代順に確認していく。

4-2-1 ナラティヴ分析の試金石[6]

まず、ナラティヴ分析の初期の成果として参照されることの多い、ラボフとウォレツキー (Labov and Waletzky 1967) の研究を概観することからはじめたい。というのも、この研究は、当時において先駆的な研究であり、その後のナラティヴ分析に大きな影響を与えたからである。

この研究は、ナラティヴの構造を抽出することを主眼としたものである。このラボフらの発表した論文「ナラティヴ分析――個人的経験についての口述」（Narrative Analysis: Oral Versions of Personal Experience）では、「死ぬほど危険な状況になったことがあるか」という質問を行い、その回答を「節」（clause）に分けながらその構造が分析されている。

その分析の手順は、書き起こしたナラティヴを節に分けたのち、その節を入れ替えたり再構成したりしながら意味の有効性を確認し、それぞれの節の機能を明らかにするというものである。この論文の中心は、ナラティヴの構造を明らかにすることであり、そのナラティヴの内容にはほとんど関心が払われていない[7]。また、インタビューが相互行為であるという視点も取られていない。のちに、これらの点が批判されることとなる（桜井 2012）[8]。

この分析により明らかになったのは、ナラティヴが、導入（orientation）→複雑化（complication）→評価（evaluation）→解決（resolution）→終結（coda）という構造を持つということである。つまり、このような構造をもつものがナラティヴである――ナラティヴのひとつの定義となる――ということが結果的に示されたのである。言い換えるならば、ナラティヴの定義が結果から遡及的に導かれたということである。

この「節」は、それぞれ以下のように説明される。導入とは、人物、場所、時間、状況に関する節である。複雑化とは、行為の詳細についての節である。評価は、導入および複雑化を含む語りに対する語り手自身による考え（考え方）についての節である。解決は、行為の結果どうなったのかということに関する節である。終結は、解決のその後「現在」への言及の節である。

このようなラボフらの分析の方法は、サックスから始まる会話分析の手法に非常に近い視点をもっている[9]。それは、会話の構造に注目するという点である。

サックスが大学で会話分析の講義を始めたのは一九六四年であるので（鈴木 2007: 9）、ラボフらの研究の方が後になる。この会話分析と構造的ナラティヴ分析は、全く別の発展を見せていった。しかしながら、このふたつの分析はいくらか関係があるようである。一九七二年に刊行された *Language in the Inner City*（Labov 1972）では、サックスとシェグロフが参照されている[10]。この同じ年に刊行されたサドナウ編の *Studies in Social Interaction* で、サックスとシェグロフ、ラボフはともに論考を寄せている（Sadnow 1972）。一九六七年のラボフらの研究と一九八二年のラボフ単独の研究のふたつには、会話分析を直接に参照した形跡はない。しかしながら、一九七二年の「共演」は両者——構造的ナラティヴ分析と会話分析——が共通にしている視点の存在を意味していると考えられるだろう。また、ラボフとサックスの両者がゴフマンを参照している点は興味深い。一九六七年の時点では使用されることのなかった相互行為（interaction）という言葉が一九八二年の段階になると数カ所に見られるようになっている。この点については、ラボフ自身がゴフマンの影響があったことを記述している（Labov 1982: 244）[11]。このように、構造的ナラティヴ分析においても相互行為という観点に注意が払われるようになっていったのである。

4-2-2　物語論と構造主義

ところで、時代は前後するが、「物語」の構造の研究は一九二〇年代のロシアフォルマリズムに遡ることができる。プロップの『昔話の形態学』がその発端とされるが、この研究が非常に注目されるようになるのは英語版翻訳が発表された一九五八年——三〇年後——になってからである（Adan 1984=2004: 10）。そして、のちに構造主義と呼ばれる潮流に大きな影響を与えることとなる。

ラボフらがナラティヴの構造への注目を提起したのが一九六七年であった。

その頃、「物語」の構造分析を行っていたひとりとしてバルトが挙げられる[12]。「物語の構造分析序説」がフランスで発表されたのは一九六六年であり、またこの方法をベースとした実践として位置づけられる「天使との格闘――『創世記』三二章二三‐三三節のテクスト分析」が論文として発表されたのは一九七一年である。バルトは、ロシアフォルマリズムや記号学の影響を受けているが、彼の主眼はテクスト――書かれたもの――の分析である。よって、ナラティヴ分析を論じるにあたって、バルトを取り上げることは脱線していると思われるかもしれない。しかしながら、このような流れがその後のナラティヴへの注目をさらに高めることにつながっていく。

一九七九年シカゴ大学でナラティヴ――Narrative: The Illusion and Sequence――と題するシンポジウムが開かれている。このシンポジウムの成果をまとめたエッセイ集が刊行されているが、その巻頭において「ナラティヴ研究は、もはや心理学や言語学から言葉を借りているような文学の専門家や民俗学の研究者といった垣根を越え、今や人間科学・自然科学すべての学問のための明確な洞察につながるものとなった」(Mitchell 1980: 3) と宣言されている[13]。

そして、物語論は、テクストという文字で書かれたものを分析の主な対象としてきたが、日常的な会話やインタビュー調査といった口述の資料の研究成果にも関心を払うようになる。

アダンは物語論の系譜を大胆にまとめあげる作業の中で、ラボフの研究に何度も言及している (Adan 1984=2004)。アダンは、ラボフのナラティヴの定義については批判的な態度を示しつつも、一連の研究成果について好意的である（Adan 1984=2004: 146）。というのも、ラボフは口述のデータからナラティヴについて分析と考察を重ねたが、その成果には、テキストを主な分析の対象としてきた物語論にも還元可能な要素が含まれていたためである。それこそまさに構造である。口述と筆記という分析対象の形態の差異を問題にするのではない、ナラティヴの構造という言葉でこの垣根を超える研究の視座が示されたと言えるであろう。この過程が示しているのは、ナラティヴ＝「物語」の分析においては、口述と筆記という差異を強調するのではない視座が広く受け入れられるようになったということである。

4-2-3　構造的ナラティヴ分析のその後

さて、時間をミッチェルの宣言の直後——一九八〇年代——に戻そう。物語論の展開から「物語」への関心が高まる中、先述のラボフらの構造的ナラティヴ分析は、その後の研究にも引き継がれている。しかしながら、ラボフらの分析とは異なる視点も導入されることになる。

例えば、ジー（Gee 1985）は、「口述における経験の物語化」（The Narrativization of Experience in the Oral Style）でラボフらの成果にさらに「連」（stanza）という概念を導入した。連（stanza）とは、内容やトピックのまとまりのことを指す。この論文では、七歳の黒人の女の子の日常の話（父親や飼い犬のことなど）が分析されている。そして、口述（oral）の文化と筆記（literal）の文化との差異を論じることが試みられている。C・リースマンは、このジーの研究をラボフの構造的ナラティヴ分析を発展させたもののひとつとして取り上げている（Riessman 1993; 2008=2014）。

ジーとラボフらのもっとも異なる点は、ラボフらがナラティヴの構造を抽出することを主眼としていたのに対して、ジーは分析の対象としてナラティヴの内容にもより目を向けたことである。会話に登場する「父」をめぐるナラティヴには権威あるいは大人の世界と結びつく単語が用いられ、「飼い犬」をめぐるナラティヴには自由あるいは子どもの世界と結びつく単語が用いられているという分析がなされる[14]。ナラティヴの内容へ関心を示し、それが分析されているのである。

そして、ナラティヴの内容を分析し、それにある特定の意味づけをしていくという方法はこの後のナラティヴ分析の主流となっていく。この方法は社会学には馴染み深いものであるだろう。例えば、語り手のナラティヴを分析し、そのナラティヴに「隠された物語」があるという発想であり、それを発見することが（分析者の）ひとつの「仕事」であるという観点である[15]。

そのような流れの中で、一九九八年に「社会学者はなぜナラティヴに関心をもつべきか」と題する論文が発表されている（Franzosi 1998）。この論文の中で、ひとつの事例として妻から家を追い出された夫のナラティヴが取り上げられている。

そこでは、①順序、時間、頻度、②言葉遣い、③語られているその内容、が分析の際に取り上げられるべき視点として挙げられている。①の時間の概念は、ラボフらの分析で取り上げられているナラティヴの構造の一部である。②の言葉遣いは、ジーの分析で取り上げられている点と重なる。③の内容については、『ハマータウンの野郎ども』でのウィリス（Willis 1977＝［1985］1996）の方法と酷似している。そして、「なぜナラティヴに関心を示すべきか」という問いの答えについては、ナラティヴが社会関係の形式を示しているからであり、だからこそナラティヴを分析するのであると結論づけられている（Franzosi 1998: 548）[16][17]。

しかしながら、このような、ナラティヴを分析することが社会関係を明らかにすることになるという観点は、それまでのナラティヴ研究の成果を十分に検討した結果であるとは言い難い。フェミニズム研究が旺盛になる過程においては、確かに、この観点は非常に有効であったように思われる。声を持たない人びとが押しやられている社会関係について、実際の声――ナラティヴ――に関心を払うことで問題を告発してきた。

そのような流れの中で、ラボフの構造的ナラティヴ分析は、それらの研究において非常に強力な後押しとなったが（Riessman 1993）、そもそも構造的ナラティヴ分析が提起したものはこのような観点だったのであろうか。そこで、以下ではもう一度構造的ナラティヴ分析の初期の研究に立ち返り、その意味について検討していく。

4-3 構造的ナラティヴ分析が提起したもの

先に触れたように、ラボフらの研究（Labov and Waletzky 1967）は、ナラティヴ分析の試金石としてこんにちも援用されるものであるが、これに対する批判的評価も存在する。

C・リースマンは、ラボフの一連の研究成果について「ラボフの理論および彼が分析している比較的単純なストーリーは、主観的経験を捉える十分なモデルを提供しているとは言い難い」（Riessman 1993: 51-2）としている。一方で、自然発生的な会話を分析するのにこの方法が適していると言う（Riessman 2008=2014: 192）[18]。

ラボフのナラティヴの構造に注目するという観点が想起させる最大の問題は、抽出された構造があたかも「よい」ナラティヴの構造を示しているかのように受け取られる可能性が含まれていることであろう。ラボフが明らかにした構造をナラティヴの「模範」として扱い、それを分析に適用し、ときにそれに当てはまらないものを「逸脱した」あるいは「悪い」ナラティヴとして描き出してしまいかねないということである。

確かに、ラボフはナラティヴのひとつの構造を抽出したが、それはあくまでも分析の結果導き出されたものであり、それが「模範」である、あるいは「よい」ナラティヴとして提示してはいない。

この点についてパターソン（Patterson 2008）が非常にわかりやすい指摘をしている。彼女は、「『よい』ナラティヴとはラボフのモデルに一致するものであり、それはこのモデルに一致しないナラティヴが能力のない語り手によって生み出されてきたことを暗に示している」（Patterson 2008: 31）という誤解が生まれているという。また、続けてラボフのこれまでの成果について、「このような指摘はラボフの研究および能力についての考え方の純粋な解釈から離れすぎている。彼は『よい』あるいは『悪い』ナラティヴについての一般的な判断を煽ろうとしていたのではなく、むしろ、彼が観察しえた異なる階層間や民族間で生み出されたナラティヴの差異を社会言語学的な説明によって詳述した」（Patterson 2008: 31）のであると述べる。

近年、物語能力が教育の現場において問題とされているが（Dobson 2005）[19]、ラボフの問題意識がこの物語能力と関係していることがこのパターソンの言及を理解する助けとなる。多民族で構成される、あるいは多言語が使用される社会において、言葉は大きな問題となる。例えば、C・リースマンは、自身の孫の授業参観において「私のナラティヴを書く」という授業が行われている現場を目にしたという（Riessman 2008=2014: 3）。そこには、ナラティヴに関していくつかの条件を盛り込んで書くことが教師により板書で指示されていた。それらに従って書くと、ナラティヴが構造化されるようになっていた。このエピソードは、ラボフの初期の研究から約三〇年経った現在においても、ナラティヴの構造を重視する考え方が浸透していることを示している[20]。

ラボフがナラティヴの構造へ注目したその成果は、多民族・多言語が共在している社会状況に限って有効な視点なのではなく、ナラティヴにおいて「模範」が重要視されるこんにちの社会への問題提起を含むものであると考えられまいか。言い換えるならば、特定の構造にしたがったナラティヴが力を持ってしまうことへの警鐘だったのではないかということである。つまり、構造的ナラティヴ分析は、そのような規範から離れたナラティヴを探求することから始まったにも関わらず、それが反転して、ナラティヴは特定の構造をもたなければならないもの、というような規範的意味が付帯されるようになってしまったと考えられるのである。

そこで、ここからは、構造的ナラティヴ分析において提示された、ナラティヴの構造に焦点化するという視点を、そのような規範的な意味合いから切り離して分析視角として再度捉えなおすことにしたい。

5 ナラティヴの構造と言語編成

以上本節では、これまで見てきた構造的ナラティヴ分析の成果とそれへの批判からその利点と難点について検討し、その上で、これまで見てきたナラティヴの構造を手がかりにして「言語編成」という概念を提示する。この概念は、次章以降における分析の中心となるものである。

5-1 構造が分析される含意

これまで、ナラティヴ分析とくに構造的ナラティヴ分析を中心に取り上げて論じてきた。ここでは、ラボフの初期の研究成果を別の視点から考え直したい。

ラボフは初期の研究において、ナラティヴの「内容」を分析するよりも「構造」を抽出することを提案した。この発想、それ自体が喚起する問題を考える必要がある。

ラボフはナラティヴの構造を明らかにするために、ナラティヴを節に分けたうえで並べ替えたり再構成したりするという方法を取った。この方法が可能であるということは、つまり、ある（あるいは複数の）出来事についてのナラティヴにはいくつかのヴァージョンがありうるということが想定されることを意味している。これは、ディスコース分析においても同様であった。

つまり、あるナラティヴには、他にもあり得たはずのかたちがあると考えられるということである。これは、ナラティヴの「語り」という行為の側面を相互行為の文脈から考えるとわかりやすいかもしれない。C・リースマンは、ジエチルスチルベストロール[21]被害者の語りを分析したベルの研究（Bell 1988）に対して、同じ指摘を繰り返す。それは、異なる相互行為――インタビューの際の話の聞き方――によってまた異なるストーリーや説明が生み出されるのではないかというものである（Riessman 1993: 41; 52）。

ただし、ここで注意しなければならないのは、ナラティヴ――あるいはその中の出来事――の「真実性」の問題について議論しようとしているのではないという点である。その出来事の「内容」ではない部分、つまり、そのナラティヴの構造それ自体が何かしらの機能をもっていることが、この構造を分析する方法が採用されるひとつの理由であると考えられるのではないかということである。

ナラティヴは、ある特定の構造によってあらわされるときに、まさに生きられた意味を帯びる。「生きられた」というのは、そのナラティヴが語り手のみ理解可能なものとしてではなく、他者とも共有可能になっており開かれているということである。

例えば、経験の共有というのは単に「同じような出来事に遭遇したことがある」ということで可能になっているだろうか。言い方を換えてみるならば、同じような出来事に遭遇したことがなくとも経験を共有するということはありうるのではないか、ということである。経験という他者のナラティヴを理解する——共感でなくとも表面上の意味だけを理解する場合も含む——ことが可能であるのは、そのナラティヴの構造が、自分のそれと同様かあるいは酷似しているからではないだろうか。物語能力を向上するための教育が行われているのは、人びとのナラティヴの構造をある程度均一化して汎用性を高め、コミュニケーションにおいて発生する可能性のある問題をできるだけ小さくするためであると考えられる。これは、人びとの間で、ある特定の構造にしたがった説明が利用可能であることが、自身と他者とのつながりの担保となっていることを示している。

つまり、ナラティヴの構造を分析することは、そこから「人びとと人びとのつながり方」、あるいは、「人びとと社会とのつながり方」を明らかにすることをも含意しているということである。その意味において、ナラティヴの構造を分析するということも未だ有効であると言えるだろう。しかしながら、構造的ナラティヴ分析の展開を見ていく中で示されていたように、ナラティヴの構造にだけ目を向けることでは漏れていってしまうものがあることも事実である。そこで、以下では、構造的ナラティヴ分析における構造の概念を援用しつつ、構造以外の諸要素も含む概念であり、本書が分析の核として置く「言語編成」という概念を提示したい。

5-2　構造と言語編成

これまで、ナラティヴ分析のひとつとして展開されてきた構造的ナラティヴ分析について、その初期の成果に遡りながら論じてきた。そこから、ナラティヴ分析においてナラティヴの構造が重視されてきたその含意が抽出された。しかしながら、その系譜をたどる中で論じてきたように、ナラティヴの構造へ注目するだけでは捉えられないものがあることも明らかとなった。では、そのような点も含め、「ことば」——本書においてはテキスト——についてどのようなアプローチが可能なのだろうか。

序章において端的に触れていたが、本書では言語編成を分析するというアプローチをとる。言語編成とは、これまで見てきたナラティヴ分析における構造に加えて、そのテキストで扱われているトピックやそのテキストにおける出来事についての話の展開のなされ方も含む概念である。言い換えるならば、言語編成とは、語られているトピックとそこで使用されている語彙および様式とそれらをつなぎ合わせている構造のセットである。この、セットであるということは非常に重要な点である。なぜなら、このセットは、語りを他でもないそのかたちに表出させるある種の「装置」のようなものであり、このセットを構成するどの要素——部品——が欠けても作動しないものだからである。

これまで見てきたように、分析の対象が口述であれ筆記であれ、それが語りである以上、ある一定の構造が抽出可能であることは予想される。つまり、ある特定の構造だけを明らかにすることだけでは分析上捉えきれないものを生み出してしまう危険が生じる可能性がある[22]。そのため、例えば、構造的ナラティヴ分析の結果抽出されたような、あるテキストについての構造——「始め」「中」「終わり」——のみを明らかにすることに収斂させてしまうのではなく、その中でどのような語彙が使用されながら話の展開がなされているのか、あるいは、その話についてどのような応答が行われているのか、そしてそれはどのような編成になっているのか、についてを含む、「ことば」の具体的な運用とそれを可能にする「装置」——言語編成

——を見る必要がある。そして、その「装置」がどのように稼働しているのか、その「動き」について分析されなければならない。よって、内容（出来事やトピック）、語彙（単語や品詞）、様式（記述のなされ方）、構造（それらがつなぎ合わされる軸）、および、これらのセットの動きからなる言語編成が分析されるべき対象となる。

この言語編成を分析することにより、そのテキストがある特定の仕方によって現れる、その言語実践の詳細を明らかにすることが可能になる。このような概念を分析の中心に置くことによって、「ことば」を通した人びとの経験のありように接近することが可能になると考えられる。

6　本書の方法論的視座

以上、本書が取る方法論的視座について、ディスコース分析とストーリーの社会学、構造的ナラティヴ分析のそれぞれの利点と難点を検討した上で提示した。

まず、テキストを言語実践として分析するディスコース分析（主義）について見た。そこでは、言語実践を考察する射程が広がるという利点があるものの、語りを構成するものの一部としての読み手の存在が考慮されないという難点があることが指摘された。そこで、ストーリーの社会学の視点を取り入れることによって、この難点を補足し、ナラティヴの構造を見ることの意義と限界から、言語編成を分析するという方法論的視座が示された。

これらの三つの方法論は、それぞれに展開されてきたものであるが、これらを貫くものは、人びとの「ことば」を分析の対象に据えている点である。これら三つの方法論を結びつける、この新たな方法論的視座もまた、そのひとつとなる。

ディスコース分析について論じる中で言及したが、人びとは、ある出来事について語る際、いくつかのヴァージョンを持っている。そして、その場面に合わせて、ある特定のヴァージョンによって説明を行う。そして、その特定のヴァージョンは場面だけではなく、そもそもその場面の置かれている時代にも依存している。本章で提示された方法論的視座は、このような「ことば」による現実の表象の根本的な観点を背景としていると言える。そして、この根本的とも言える観点は、語りの多様性を引き受けてその語りを分析する際には看過することのできない問題である[23]。

本章において何度も言及した「語りが他でもないそのかたちとして現れるのはどのようにしてか」という問いは、そもそも語りが多様性をもつことを認めた上で立論可能になっているものである。つまり、語りとは多様性をもつものであるからこそ、その中である特定のヴァージョンが選択可能となっており、それがある特定の条件下で表出し、観察しうるようになると同時に分析可能になると言えるだろう。

以上、本章で論じてきたように、「ことば」の分析にはそれに密着した方法論的視座を取ることが求められる。そして、それを土台として分析が行われることによって、自己をめぐる記述における特定の様式――「物語」――が成立していく過程が具体性をもって明らかになっていく。

注

1 ナラティヴ分析（narrative analysis）は、「物語分析」とは訳出されないため「ナラティヴ分析」という語を用いる。そのため、本章では、ナラティヴ分析において分析の対象とされるものについては「ナラティヴ」という語を使用する。

2 自己物語の分析であれば、ライフヒストリー分析も有効であると考えられるかもしれない。しかしながら、本書で分析するテキストは、「ライフヒストリー」と言えるほどのスパンで記述されていない断片的なものも多く含まれる。また、この分析方法では、必ずしも自己物語として捉えられるとは考えられないもの——序章で述べた自己物語のようなもの——の分析には向いているとは考えにくい。よって、ここではライフヒストリー分析は除くこととした。

3 「ヴィジュアル分析」は、映像や絵画等を分析の対象としているためここでは除く。

4 物語論においては、分析の対象としてテクスト（書かれたもの）を扱っている場合が多く、「語り」という行為の側面への関心が低い。

5 第4章でもこの観点には、再び言及される。

6 この「試金石」という表現はC・リースマンによるものである（Riessman 2008=2014: 157）。

7 しかしながら、後述するように、それぞれの節はその内容から分別されており、内容を全く分析の対象としていないわけではない。したがって、より正確に言えば、内容分析は行われていないということである。

8 また、この論文中にはconversationという言葉は使われていない。桜井厚（2012）のラボフへの批判のとおり、1967年の論文では相互行為的な視点は取られておらず、また自身らの調査者への聞き取りについてもインタビューという言葉を用いていない（Labov and Waletzky 1967）。この後会話分析との関係に関する記述で確認することになるが、ラボフはゴフマンの影響を受け相互行為という視点をもつことになる。そして、その後の論文においては、自身の調査についてインタビューという言葉を用いている（Labov 1982）。

9 会話分析の詳細については、Sacks（1965 = 1995）およびSacks, Schegloff and Jefferson（1974-1977 = 2010）を参照されたい。

10　ラボフが参照しているのは*Studies in Social Interaction*内のサックスおよびシェグロフの論考であるが、参考文献リストではこれらは一九六九年と記載されている。しかしながら、*Language in the Inner City*本文中では一九七二年の表記になっているため（Labov 1972: 298）、参考文献リストの誤植と思われる。また、参照されているサックスの論考のタイトルが、*Studies in Social Interaction*中のものとは別の表記になっている。この書内でサックスが寄せている論考は、An Initial Investigation of the Usability of Conversation Data for Doing Sociology および Notes on Police Assessment of Moral Character の二本であるが、ラボフは The Research for Help と記載している。また、*Language in the Inner City*中にはサックスの未刊行の講義内容が参照されており（Labov 1972: 224）、ラボフが会話分析研究者と親交があったことが伺える。

11　また、この一九八二年の論文には conversation あるいは conversation turn という言葉も使用されている。

12　バルトが言う物語とは recit であり、ナラティヴよりストーリーと訳する方が適切であるとも考えられる。

13　このシンポジウムにはさまざまな領域の研究者や専門家が集まっているが、その中にはデリダやリクールも含まれている。リクールもまた、その後の「物語」への注目を高めた人物のひとりである。

14　先述したように構造的ナラティヴ分析は会話分析と類似した視点を持つことを指摘しうるが、ジーのこの観点も同様である。会話分析では、ある特定のカテゴリーの成員には、それに適切な活動が紐づけられるかたちで参照されることが指摘されている。

15　一九七七年に発行された*Learning to Labour*（『ハマータウンの野郎ども』日本語訳一九八五年）はその代表的な研究のひとつとして位置づけられるだろう。労働者階級の再生産の過程が、その子どもたち（青年たち）のナラティヴから明らかにされている。マルクス主義的世界観を背景にしつつ、その社会構造がいかにして維持／再生産されているのかを論じたこの著の特徴は、ナラティヴの「解釈」の問題であると考えられる。つまり、本人たち（語り手）のナラティヴが既存の社会構造の再生産的な側面を担うという「隠された物語」を分析者が明らかにしているのである。当の語り手たちが知らずにいる「事実」を描き出すという作業は、その後もナラティヴ分析に引き継がれていると考えてよいだろう。

16 これは、ウィリスが明らかにしたことと同様であると言える。

17 さらにこの論文では、（分析者の）「解釈」の問題についても触れられている（Franzosi 1998: 545-7）。私たちがナラティヴの意味を理解あるいは把握するには、背景に関する情報（例えば、民族構成や失業率などの統計的な情報）が必要であり、それに基づき（意識的であれ無意識的であれ）分析は行われるというのである。

18 ラボフが会話分析研究者と親交があったということも思い起こす必要があるだろう。

19 序章注7を参照されたい。

20 ドブソン（Dobson 2005）は、教育においていかに物語能力が重要視されているかをメディア環境の変化も含めて論じている。

21 Diethylstilbestrol（ＤＥＳ）。アメリカで一九四〇年から一九七一年にかけて流産防止のために処方されていた合成ホルモン。

22 4-2-3で取り上げたジー（Gee 1985）は、この点に関して自覚的であったと言えよう。

23 ポッターらも、語りの多様性を引き受けることへ注意を促している（Potter and Wetherell 1987: 36-43）。

第3章　「身の上」の成立

1　本章の目的

本章においては、紙誌上の「身の上相談」の分析を行う。と、このように、本章では「身の上相談」という語を用いるが、現在ではこの呼称はあまり用いられておらず「人生相談」という呼称が一般的である。しかしながら、紙上での悩み相談が本格的にはじまった当時は、「人生相談」ではなく、「身の上相談」という名称で呼ばれており、本章でもその当時の状況にならい「身の上相談」という呼称を用いたい。この呼称は、『読売新聞』「婦人付録」の編集主任を担当していた小橋三四子という女性が名づけたものである（鹿野・堀場 1985）。そのように呼び名は変わったが、現在でも「身の上相談」は新聞・雑誌上の読み物のひとつとして紙面を占めている。

現在の「身の上相談」には、日常的に体験される個々人の日々の悩みが語られるべきことであり、問題があって回答があるという決まった形式がある。「私はこういうものでこういうことに悩んでいます」、という問いかけがありそこに回答が続く。しかしながら、このような形式は、紙誌上「身の上相談」の始まりからそうだったわけではない[1]。本章では、様式の変化やそこで語られる悩みの内容に留意しながら、そのうえで「私はこういうもので…」という悩みを述べる際に使われる「身の上」という自己の状況についての修飾的と言えるような記述——言語編成——に焦点をあてる。なぜなら、これから明らかになるが、「身の上相談」を成り立たせている語り方とは、悩み自体やそれに対する回答内容よりも、この「身の上」をめぐる記述における特有の言語編成であるからである。

従来の「身の上相談」を扱った研究は、そもそも誰にでも「身の上」というものがあるという前提の下で、「身の上相談」を人びとの生活様態や社会心理を分析するための材料として使用してきた（加藤 1953; 見田［1965］2012; 太郎丸 1999; 池田 2005; 赤川 2006）[2]。しかしながら、語られる対象として「身の上」とはどのようにして成立したものであるのかという論は展開されてこなかった。そこで、本章では、語られる対象としてどのようにして「身の上」が析出されたのか、そして「身の上」をめぐる語りはどのように変化し成熟していくのかその過程を記述する。「身の上」は語られる対象として析出されて以降、「身の上」について語られるというよりも、語られる対象として自明視され、むしろ「身の上」として語られるようになる。この変化の過程を見ていくことによって、結果的に成立した「身の上」とそれを語る行為が「社会[3]」の表出と関連していることを考察していく。

2　分析の対象と視点

2-1　これまでの「身の上相談」研究

「身の上相談」は、ある人の一身上に関する事柄について、当事者（もしくは当事者の関係者）が第三者に意見を求め、それに対して何かしらの提案・助言が行われる場である。新聞や雑誌などにおいて人びとが悩みを投稿し、その紙誌上において専門家に回答をもらうもので、現在の回答者は、弁護士、精神科医、学者、作家などである。それに対して、本書が対象とする明治時代から大正時代初期では、専門家ではなく読者や新聞記者が回答を与えるものであった。

このように時代によって変化している点もあるが、紙誌上の「身の上相談」は社会の実情を読みとることのできる資料として、いくつかの研究において分析の対象とされてきた。そういった研究において紙誌上の「身の上相談」が用いられる理由は、それらが社会意識や社会規範を反映したものであり、その当時の人びとのリアリティが現れている歴史的な資料である点にあると言えるだろう。

これは、「身の上相談」を分析対象とした研究の中で常に参照点とされる見田宗介の考え方である（見田［1965］2012）。見田は、「身の上相談」は「現代生活の日常性のさりげない表情の底にあるものを、われわれのまえにつきつける」（見田［1965］2012: 4）と述べる。そして、「身の上相談」（『読売新聞』「人生案内」）の内容の分析から「不幸」の背景あるいは根源を探るということを試みた。この分析については、「不幸の諸類型とその要因連関の析出は神業的」（赤川 2006：85）と評価されるほどである。そのように、見田の功績はある意味で大きい。それは、「身の上相談」という短いテキストからでも現代日本の諸相を描き出すことが可能であるということを示したからである。

このような「身の上相談」の内容分析は見田がはじめてではない。見田（［1965］2012）に先立って、「身の上相談」の分析を試みていたのが加藤秀俊（1953）である。加藤（1953）は、雑誌『平凡』に寄せられた相談の内容を分析している。この研究において注目すべき点は、加藤が数多くの相談を読む中で「書くこと自体による心理的緊張の緩和作用が働いている」（加藤 1953: 24）可能性を見たことである。これは、テキストを介した相談というこの行為に特有の効用であると考えられる。

これら加藤と見田の研究は、質的研究として位置付けられるが、量的研究によるものもある。太郎丸博（1999）は、戦後日本において個人主義的人間観が浸透してきた状況を「身の上相談」の相談内容の中にどのような単語が現れているかを調査することで明らかにしようとした。

以上にあげた研究は、現代の「身の上相談」のテキストを分析対象とした研究であるが、本章で取り上げる明治時代に書かれた「身の上相談」を分析対象とした研究はない。それは、紙誌上の「身の上相談」というもの自体が大正時代から活発になったこととも関係している。また、後述するように明治時代に「身の上相談」が存在しなかったわけではないが、その発生当時は、こんにちあるようなかたちとは異なる形式である場合があるためでもあり、大正時代以降の資料のようにデータ・アーカイブ化されていないこともあり、資料の収集が容易ではないためでもあると考えらえる。

よって、本章の試みは、先に見た各研究が取り組むことのなかった時代にアプローチし、こんにちあるようなかたちの萌芽を探るところから出発することになる。それにより、「身の上」という語られる対象は、そもそもからあったのではなく、さまざまな語りの様式を経ながら析出されたものであることが明らかになるであろう。

2-2 分析の対象

先に触れたように、紙誌上「身の上相談」をデータとして用いている先行研究はあるが、「身の上相談」という取り組みの起源について言及しているのは池内一（1953）のみである。池内（1953）によれば、『女学雑誌』[4]中の「いへのとも」欄（明治一九年）が「身の上相談」の起源であり、これはそれまでにない「新しい相談の型」であった。「いへのとも」欄の登場以前の問答形式のものは関心の範囲が狭く、それらの多くは「人生の経験からは切離された机上の知識」（池内 1953: 10）の交換にすぎなかった。それらは情報交換を主とするような、たとえば工業・商業・経済・法律等の分野に関する問い合わせと回答である。後述するように、そのような傾向と比較すると、やはり『女学雑誌』の取り組みは新しいものである[5]。同誌においては、「いへのとも」以前にも形式的に類似した問答欄が掲載されていたが、そこで問題とされているのは、主に史実や字義等であり一身上に関する事柄ではなかった。「いへのとも」はそれと同じ問答という形式を踏襲しつつも、そこで語られる対象領域――「身の上」――を新たに求めており、「身の上相談」の出発点であると考えてよいだろう。以下は「いへのとも」が開始されるにあたって掲載された告知である。

01 世には不信切の夫にかしづく妻もあり父も母もなき孤女ありまま親に愛を受けぬ
02 可愛の娘もあれば友達なくて心の迷をさだめ難き女流もあり凡そ斯る人々は其思

を慰め其惑をときて心中の雲を晴らすこと専一なれど吾国今日の風として女には心よりの友人あるなくたとひありとも近きには反って語りがたき由も多きことなり故に本号を初として家の友いへるを設け斯る人々の問を受けて吾人が思ふよしを答ふるの便とはなす然れど吾人は世に同情の人ありてかかる問に答へ玉はんことを希ふ（後略）[6]

〔『女学雑誌』第三五号 明治一九年九月一五日〕

〔資料3-2-2-1〕

ここで求められているのは「心の迷」（02行目）や「心中の雲」（03行目）などを語ることであり、それらは「机上の知識」とは明らかに異なるものである。『女学雑誌』「いへのとも」は、明治一九年九月一五日に始まり同年一一月二五日に終了、一〇日置きに計八回掲載されている。「いへのとも」は、このように「心の迷」や「心中の雲」について語るという主旨であるにもかかわらず、言葉の意味や語源、風俗などに関する問い合わせと一身上に関する問題とが混在していた。この状況と「いへのとも」が短命であり継続しなかったことは、明治一九年当時は「身の上」を語りそれに応えていくという行為が困難であったことを示している。さらに、「いへのとも」以降も、人びとの疑問や質問とそれに対する回答を扱った読者投稿が見られるが[7]、そこでは「身の上」は語られていない。「身の上」が中心として扱われるようになるのは『都新聞』「相談の相談」からである[8]。『女学雑誌』「いへのとも」から『都新聞』「相談の相談」までの約二〇年の間に発行されていた『以良都女』『女鑑』『女学世界』『家庭の友』には読者投稿を主とした問答欄が掲載されているが、そこで問われているのは「身の上」から切り離された美容や健康、育児などの知識的な事柄であり、その内容は「身の上相談」と呼べるようなものではなかった。

『都新聞』「相談の相談」が開始された後の大正三年に登場した『読売新聞』婦人付録内の「身の上相談」は、この「相談の相談」を習うかたちで登場したと考えられる[9]。以下は、『都新聞』「相談の相談」の開始時に掲載された相談の募集に関する告知である。

01 （前略）読者諸君にして何なりとも記者へ相談したい事がおあんなさるお方は、
02 其事情を書いて係記者宛にしてお寄越しなさいませ（中略）▲其事柄の大要を摘
03 んで申せば、例へば一身の逆境、家庭の不和等より起る憂愁、煩悶、不平、外に援
04 助もなく慰藉もなく、一点の光明もなき暗黒の中にさまよふて、如何にその身を処
05 すべきか、思案にあぐんで居なさる様な場合には、飾りも見得も要りませんから、
06 有の儘をお知らせなさいませ（後略）

〔『都新聞』明治三九年一二月一九日〕
〔資料3-2-2-2〕

先ほどの『女学雑誌』「いへのとも」とこの『都新聞』「相談の相談」の文言を比較すると、そこで言及されている内容はほとんど同様のものである。波線部の指し示す「一身の逆境」「家庭の不和等より起る憂愁」「煩悶」「不平」（03行目）は、自分自身では判断がつかず周りにも回答を求められないような一身上に関する問題であり、

掲載されている問答もそれに限定されている。しかしながら後に見るように、「いへのとも」においては、一身上以外の事柄についての問答も含まれていた。それに対して、大正期の雑誌においては、衣装・法律・衛生・美容と相談の領域が分化されており[10]、これは語られる対象として「身の上」という領域が確定していることを表している。

2-3 分析の視点

本章においては、「身の上相談」という「身の上」をめぐる語りを「動機の語彙」(Mills 1940 = 1971) と「物語」(浅野 2001; 井上 2000)[11] の概念から読み解いていく。この二つの概念を援用すると、「身の上相談」とは、〈他者の助けや援助を必要とする、何らかの問題を抱える私がここにいる〉という「結末」に向かって作られる、その語り手の「物語」であると定義することができる。よって、相談で語られる「身の上」とは「他者へ向けられた説明」と言える。そして、「身の上相談」において語られる「身の上」が「説明」であるならば、それは、回答者(読者も含めた「他者」)に対して〈今まさにここにこうして相談している〉という行為自体の正当化をも含んでいると考えられる。相談者の語りは、今まさに相談しているという行為の説明であり、すなわち、それはなぜ相談しているのかという「動機の表明」として捉えられる。「動機の表明」は、まず、行為とその結果についての関係性の記述として考えることができる。例えば、「お金に困っていたので、盗みに入った」というふうに、複数の出来事が因果関係でもって結び付けられる。そして、「盗みに入った」という結末に向かって、時間的順序に沿って語られる。こういった特徴をもつ語りは、「物語」として捉えられる。第2章でも言及したが、井上(2000)は、E・M・フォースターの小説論に依拠して、「現実あるいは架空の出来事や事態を時間的順序および因果関係に従って一定のまとまりをもって叙述したもの」（井上 2000: 158）を「物語」とし、この「叙述」には「説明」も含まれると述べている。また、浅野（2001）は、「時間軸にそった出来事の選択的構造化」（浅野 2001: 62）を「物語」の形態上の特徴のひとつとして挙げている。

そして、ここではさらに、この時間軸にそった出来事の選択的構造化に必要な要素として、構造化の軸となる主語の存在に留意したい。「身の上」を自己物語として成立させるためには、この主語の存在が重要になってくる。「身の上」は、「私たち」のような集合的な視点ではなく「私」という主語により構造化されることにより自己物語として成り立つものである。以上から、〈他者の助けや援助を必要とする、何らかの問題を抱える私がここにいる〉という結末に至る、出来事の時間的順序と因果関係の記述・説明が「私」を主語としてなされているものを「身の上」として仮定することができる。

3 「身の上相談」の言語編成

そこで、本節では、まず紙誌上の「身の上相談」の起源として位置づけられる『女学雑誌』「いへのとも」における「身の上」をめぐる語りを分析し、その言語編成を類型化する。そして、その語りの類型を土台として『都新聞』「相談の相談」以降の語りを分析する[12][13]。それは、この『女学雑誌』「いへのとも」における「身の上」をめぐるいくつかの語り方の混在状況を確認し、その混在状況の中からこんにち目にするような様式として定型化した語り方の萌芽を見出すためである。

「身の上相談」における語りは〈情報的な語り〉〈規範的な語り〉〈物語的な語り〉の三つに分類できる。「いへのとも」に掲載されていた相談の全件における各語りの件数は、〈情報的な語り〉が一二件、〈規範的な語り〉が三件、〈物語的な語り〉が一二件となっている。

3-1 問いの言語編成

3-1-1 〈情報的な語り〉による問い

「いへのとも」では一身上に関する問題が求められていたにもかかわらず、寄せられている問いの中には、いくつか、字義や歴史、風習、家事などについての問い合わせがあった。下記の〈資料3-3-1-1〉は、その典型的な例のひとつである。

01　七福神の起元如何ん[14]

〔『女学雑誌』第三七号　明治一九年一〇月五日〕
〔資料3-3-1-1〕

「七福神の起源について」という問いは「身の上相談」には適切でない問いである。当時の状況を考慮すれば、これらの問題は現代のようには容易には調べ得ないものであったであろうし、自分自身で回答の得られないものでもあっただろう。とはいえ、このような語りが現れるのは、「身の上相談」という場であっても、〈自身の一身上に関する事柄〉というものが、公には語りえない、もしくは語りがたいものであったということを示しているとも考えられる。もっとも、「いへのとも」の主旨は、そういった問答とは内容を異にするものとして語られていた（〔資料3-2-2-1〕）。にもかかわらず、「身の上」はもちろん、一身上に関する事柄ですらない、〔資料3-3-1-1〕のような情報を検索するような問いが存在する。このような「私」や「私たち」といった主語を用いず情報を検索するような語りを〈情報的な語り〉とする。

3-1-2 〈規範的な語り〉による問い

とはいえ、〈情報的な語り〉のような問いばかりであったわけではない。自身の一身上において、何らかのかたちで関わりの出てくるような領域である、結婚や愛情に関する問いも登場する。このような領域の出現が「身の上相談」の成立と関連している。これらは、先ほどのような知識的な領域に属する事柄ではなく私たちの日常生活と関連する「体験」という領域にある事柄である。

次の〔資料3-3-1-2〕は愛するものと結婚すべきであるという教えがあるが、どのようにして夫を選べばよいのかという、愛情と結婚に関する問いである。

相愛するもの互に婚姻せよ人のすすめにのみ従ひて生涯の夫を定るは悪ししなどの御教有之候へども妾等[15]は自ら夫を択ぶの便利とて無之かかる身分にはわが愛するものとても御座なく候されば如何なる方法にて夫を択び申すべきや細かに御教を仰ぐ

〔『女学雑誌』第三七号 明治一九年一〇月五日〕

〈資料3-3-1-2〉

これははたして「身の上相談」と呼べるだろうか。自身では解決しえず、また他に尋ねることもできず、この相談者にとっては悩みの種であるかもしれない。しかし、これは、個人的な問題を問うているというより社会規範的な問題を問うており、また、時間的順序による出来事の配列も因果関係を含む語りでもない。つまり、ここで語られているのは「身の上」ではない。このように、自分自身の問題であっても、個人――自己――に固有の「身の上」としてではなくなされる語り方は特徴的であると言える。そして、このような〈体験的領域〉に属する内容の出現は、これまで語られることのなかったものの語り始めであると考えられ、語りの転換点であると言える。

さらに、もうひとつ〈情報的な語り〉である〈資料3-3-1-1〉との違いがある。この〈資料3-3-1-2〉では、「妾等」（02行目）という自分自身を含む人称代名詞が用いられていることである。ここで用いられている「私」という言葉は、「私」個人――自分自身――というよりはむしろ、「世間」のような共同体の一部としての存在のように読み取れる。このように、あくまで「世間」ではなく「個人」としての自己が登場し、自己に向かって対象が意味づけされないかぎりは、その語りが「身の上」になることはなく、またそれを「身の上相談」と呼ぶことはできないだろう。しかしながら、この「妾等」という視点の登場によって、「身の上」をめぐるひとつの新しい語り方がはじまろうとしている。

こういった日常的に体験されるものについて、何ものかに問いかけを行うということは、規範あるいは道徳を問い直すことであると考えられる。この〈資料3-3-1-2〉では、問題の提示のされ方が、相談者に固有のものとしてなされてはいないが、相談内容は私たちの日常生活と関連する〈体験的領域〉である。「夫の選び方」の「基準」について、一般的には（あるいは、女性たちには）どう考えられているのか、この問題の答えは、〈情報的な語り〉のように辞典を調べることで得られる類のものではない。このような〔資料3-3-1-1〕には見られなかった〔資料3-3-1-2〕のような表現による語り方は、「身の上」の語りはじめであり「身の上相談」の萌芽として考えられる。このような「私たち」という主語でもって問題が語られ、それがときに社会や世間の視点からなされる語りを〈規範的な語り〉と呼ぶことにする。

3-1-3 〈物語的な語り〉による問い

そのように語りの転換点が見出される中において、〈体験的領域〉に属する事柄の意味づけあるいは関係づけが、「私たち」ではなく「私」という「個人」を主語としてなされ、自己に固有の問題として提示される語りも存在している。

01 妾が嫁ぎ候家には母と祖母と両人の姑有之候皆な良人にはまゝしき中にて祖母は
02 さのみならねど母上は毎に良人を忌み遊ばさる様に候然るに母と祖母は常に中あ
03 しく居ませば祖母の御言に従へば母上の御気に入らざる様に候あはれ妾の為すべ
04 き心得を御示しありたく候

〔『女学雑誌』第四一号 明治一九年一一月一五日〕

〔資料3-3-1-3-1〕

嫁ぎ先において、母は夫を嫌っているが祖母はそれほどではないので、その母と祖母との間で板挟みになっているという内容である。このような結婚に付随する問題としての板挟みの問題が、「私」という個人の家で起こっており、「私」が悩まされていることが読み取れる。また、相談に至った過程についての「私」をめぐる状況について、接続詞（二重傍線部）を用いながら、因果関係の記述がなされている。つまり、ここには「身の上」が現れていると言える。このような語りは、これまでに何度か確認した「物語」の概念と合致するものであり、これを〈物語的な語り〉と呼ぶ。

次の〔資料3-3-1-3-2〕は、〔資料3-3-1-3-1〕の構造に加えて時間的順序による記述も見られるものである。相談内容は、生き別れた兄の居所がわからなければ、家を継ぎたいと思っていたところ、婿養子に入ってもよいという男性が現れ、以前縁談を断ったこともあり気は進まないが養父母の手前断り切れないのでどうしたらよいか、というものである。

わらはこと幼きうちに父母を失ひ兄は十二のとし行方知れず相なり候へば叔父の許に人となりて今年は旧暦にて十七に侍るが叔父の御恵みにて裁縫一と通りは習ひ覚え候へども学問とてはまことにはづかしき程に無学に候然るに先頃ろ或方より縁ありてふつつかなるわらはを貰ひ受けたしと仰られたるよしにて叔父より御相談ありしが相成べくは兄の居所の相分るまで御厄介になり若し兄が此の世に

居ぬとならば家の名跡をつぎて先祖をもまつりたしと答へ申せしにそは尤ものこととて叔父より体よく断はり呉れたまひしに此頃ろある家の次男とか今年十九にならるるが翌年の事を思ひ煩ふとてわらはの家の養子とならん様申込るるよしその方は叔父の御世話になる人の子息にて叔父も容易には辞み申しがたくまして先にわらはが申せしことあればちやうど家をつぐに宜しからんとてすすめ申候叔母の手前もあればかくたびたび気儘の事も申しがたくさりとて望ましからぬ彼方の志と存じては何となう心かなしくとみに返事も得なさず候若し都合よろしく候はば今日の時世のことゆえ学問を少しなりとも致したくと存じ候志も侍れば如何に答へ申すが道なるにや多年の御恩を思へば気儘も申にくく叔父のみならず叔母の手前もあり返す返すも思定まらず候何卒よろしき様の御教を乞ふ

〔『女学雑誌』第三五号　明治一九年九月一五日〕

〔資料3-3-1-3-2〕

この〔資料3-3-1-3-2〕の特徴は、悩みが「私」に固有の問題として語られていることであり、加えて、自己にまつわる出来事の順序だった詳しい説明によって、相談するに至る正当性まで結果的に主張されているように読み取れる点である。

次にあげる〔資料3-3-1-3-3〕は、『都新聞』「相談の相談」であるが、いくつかの出来事を順序よく並べながら、自己の位置づけを相談するに値する存在へと至るように、適切にそれらの関連性が述べられており、〈今、ここにこうして相談している自分〉という結論に向かって構成されている相談の典型例である。芸妓をしていたが廃業し、もう二度とそのようなことはせず独身で身を立てていきたいが、うまくいかないのでどうしたらよいかという相談である。

01 清い生活が望
02 私は両親を失ひ一人の姉あるばかりの心細い身の上ですが、以前は相応の家庭に
03 生まれましたけれども、商業の手違ひから一家逆境に落ち、それを救おうと自ら
04 進んで芸妓になりました、所が心から賤しい稼業を守っては居られず、四年前に
05 廃業いたしましたにつけ、方針を変えて清い職業を始やうと思ひ、土地を見立てゝ
06 家を借りやうとすると、旦那はあるか亭主はあるかと尋ねますから、独身ですと
07 答へますと何故か貸しては呉れません、グツグツして居る中に追々身が詰って来
08 ますので、人に相談すると花柳界が景気が好いからモウ一度芸妓になれの、待合
09 を出せの、朝鮮に行けのと申します、併し私は二度と泥水の中へ潜り込む気はあり
10 ません、生意気の様ですが語学を研究して女中ともなり洋行するとか、但しは音楽
11 の様な美しい事にたづさわって、独身生活を続けたく思ひます、如何したら宜しう
12 ございませう

〔『都新聞』明治三九年一二月二三日〕

〔資料3-3-1-3-3〕

この〈資料3‐3‐1‐3‐3〉では、これまでに確認してきた「物語」の要素が顕著に見られる。過去から現在にいたるまでの状況が時間的進行にもとづきながら語られ、それぞれの出来事が因果関係によって配置されている。この語りは、自己の「身の上」をめぐる語り方が、ひとつの様式として定型化しているものであると言える。

これまで見てきた〈資料3‐3‐1‐1〉から〈資料3‐3‐1‐3‐3〉の問いのうち、〈情報的な語り〉である〈資料3‐3‐1‐1〉と、〈規範的な語り〉である〈資料3‐3‐1‐2〉を除いて、〈資料3‐3‐1‐3‐1〉から〈資料3‐3‐1‐3‐3〉は、〈物語的な語り〉によって「身の上」が語られている。この〈物語的な語り〉は、ここに示したもののみではない。『都新聞』「相談の相談」の明治三九年の開始時から明治四〇年三月一五日号まで一六一件を確認し、この時点で〈物語的な語り〉以外の語りがほとんど見られなくなったためこれ以降の語りについて分類を行っていないが、このうちの相談でない記事二〇件を除いた中で、一二五件が〈物語的な語り〉による相談である。このことから、『都新聞』「相談の相談」――明治三九年から明治四〇年にかけて――においては、〈物語的な語り〉が支配的になっていると指摘できよう。

3‐2　回答の言語編成

さて、これまで見てきたような「問い」という語りに「回答」という語りがあることによって、はじめて、その回答の前の語りが遡及的に特定の「問い」として構築されていき、問答として成立する。そのような「問い」の解釈の過程を経ることでその行為は「相談」となる。そこで、以下からは、これまで見てきたそれぞれの「問い」の語り方について、どのようにして「回答」がなされているのかを見ていく。

『女学雑誌』「いへのとも」における〈問い－回答〉の語りのうちわけは、〈情報的な語り－情報的な語り〉が五件、〈情報的な語り－規範的な語り〉が一件、〈規範的な語り－規範的な語り〉が一件、〈物語的な語り－情報的な語り〉が二件、〈物語的な語り－規範的な語り〉が四件、〈規範的な語り－物語的な語り〉がなし、〈物語的な語り－物語的な語り〉が一件となっている[16]。

3－2－1　〈情報的な語り〉による回答

3－1－1であげたような〈情報的な語り〉による問いに対しては、適切な情報を与えることで回答される。次の〔資料3－3－2－1〕は、算盤の起源についての問い合わせと回答である。

01　十露盤は如何にして我国に持来されたりや又其時代は何此なりや
〔『女学雑誌』第三七号　明治一九年一〇月五日〕
02　答　十呂盤の始めは豊太公の時其臣毛利出羽の守の門人に吉田七兵衛云へる者
03　（此人塵功記を作る）始めて作る之れより以前はサンギ[17]のみ用ひしと云ふ
〔『女学雑誌』第三九号　明治一九年一〇月二五日〕
〔資料3－3－2－1〕

このような回答は、辞書や辞典の類に見られるような記述である。〈情報的な語り〉による問いには、適切な情報を与えるだけでよいため、問題の解釈という作業は行われない。

3-2-2 〈規範的な語り〉による回答

本来なら、さきほど取り上げた〔資料3-3-1-2〕の回答を提示すべきであるが、〔資料3-3-1-2〕には回答がなされていないので、次の〔資料3-3-2-2-1〕を取り上げる[18]。〔資料3-3-2-2-1〕は、結婚の目的についての問い合わせと回答である。

01　婚姻の目的は子孫を得るのみに候や

〔『女学雑誌』第三九号 明治一九年一〇月二五日〕

02　答　婚姻の目的左の如し

03　甲　真の愛情あるもの相集りて夫婦となり完全の生活を遂げ天受の福祉を全ふす

04　乙　子女を養成して社会の開明を維持し且進歩せしめ祖宗を辱しめざるにあり

〔『女学雑誌』第四一号 明治一九年一一月一五日〕

〔資料3-3-2-2-1〕

この問いは、3-1-2の〔資料3-3-1-2〕と比較して、主語がないという点で語り方が〔資料3-3-1-2〕とは異なる。ただし、ここで語られている領域も婚姻と出産という、日常生活の領域に属し、個々人が体験する出来事――〈体験的領域〉――についてのことである。「甲」は、婚姻の目的を個々人の体験的な文脈に触れながら回答するものであるが、「乙」は、「社会の開明」(04行目)とあるように、個人的な水準ではなく社会的な文脈において回答するものである。この問答は、婚姻(婚姻の目的)という事柄がふたつの意味づけ可能な文脈をもつことを示している。このことは、婚姻が個人的なイベントであると同時に制度でもある点に由来することと関連している。この点については、第4節および第6節で改めて論じる。

次の〔資料3-3-2-2〕は、3-1-3で取り上げた〈物語的な語り〉である、縁談に応じるか否かについての〔資料3-3-1-3-2〕に対する回答である。ここでは、問いで語られている問題が相談者に固有のものとしてというよりは、むしろ、習慣や風習といった社会的な状況として解釈されている。

我邦古来の弊風とて夫を撰び妻を択ぶの権利を其子女与へずして之を父母伯叔の手に握り彼娘ならでは娶るまじ彼人ならでは添はじなど云ふことあれば不義淫奔と責め叱り気随気儘と罵り懲らし己が気に入るか或は義理ある人とは云へば子女の承不承は無理やり圧しつけ強て婚姻さするてふ聞くも忌はしき習慣あるよりイヤナ良人に添て悒ゝ月日を送るの不幸女あり気に染まぬ妻に伴ふてイヤイヤ暮らす可憫夫あり甚しきは気に縊びれ水に溺ぼれて全地球にだも易へ難してふ性命を塵埃視するに至る其源父母伯叔の専制に発す巳自ら殺すと何んぞ異ならん縦令しやさらぬ迄にせよ家に和楽の良人少く室に悲怨の妻君多きは必ず以上述る所の弊習によるなり男女室に居るは人の大倫なれば女は自ら所夫を撰び男亦自ら所托を択びて婚姻すべし斯ありて後始て真の愛情ある夫婦を生じ和楽の音悒々の声室家に満つるに至るべし夫婦は所云る生涯の道連にて苦楽憂喜を興にするものなれば義理の、訳の、手前の、など甚酌して居られることかは気に染まず心に協はぬ

13 ものなれば一刀両断イヤと答て不可なきなり況して志ある人は猶更のことなり請
14 ふ無名の愛娘よ心を決し玉へ

〔『女学雑誌』第三七号 明治一九年一〇月五日〕
〔資料3-3-2-2-2〕

この語りの中で多く言及されているのは、風習や習慣などである。この回答における主語は「私」や「あなた」といった個人ではなく、今この風習の中に生活する「私たち」（女性たち）である。この回答の中では、相談者は、相談者固有の問題に煩悶している個人という存在ではなく、悩める「私たち」のうちのひとりとして捉えられている。「私」の問題に対して「私たち」の視点から回答を与えているのである。

3-2-3 〈物語的な語り〉による回答

一方、〈物語的な語り〉による問いに対しての〈物語的な語り〉による回答[19]は、「私たち」という視点ではなく、他の誰でもない「あなた」個人に対して応えるというものである。次の〔資料3-3-2-3-1〕は、芸妓に戻りたくないという〔資料3-3-1-3-3〕の回答である。

01 二度と再び泥の中へ足を踏み込まぬといふ御決心は、如何なる場合たりとも翻さ
02 ぬ様になさい、恬くしてこそ一旦蘇へった貴姐の新しい生命を維持することが出
03 来るのです、語学の研究をして洋行するのも為し得られない業ではありませんが、

前途に困難あることを思はねばなりません、音楽の趣味を持ってゐなさるなら此方で身を立てた方が捷径ではありますまいか、猶御勘考をなさいませ

〔『都新聞』明治三九年一二月二二日〕
〔資料3-3-2-3-1〕

他の誰でもない「貴姐（あなた）」（02行目）という存在だけに対して応える。個人的な問題に対して個人的な視点において応えるという語り方は、〈規範的な語り〉には見られなかったものである。そして、〈物語的な語り〉による問いは、さらに高度な技法を含む言語編成による回答を要求する段階へと進む。

次にあげる〈資料3-3-2-3-2〉は、夫が働かず遊んでばかりいるので離縁したいがどうかという問いに、離縁など考えず、夫を励まし一緒になってがんばりなさいという回答がなされているものである。

夫と離縁したし

私は妙な行掛りから現在の夫と一緒になりましたが、夫は生来働きのない上に一定の職業がないので、ぶらぶら遊んでゐます。私一人どんなに稼いでも焼石に水ですから、離縁してもらはうかと想ひますが如何でせう

答　夫婦のかたらひはさう軽はづみにするものではありません。貴女の御結婚が余りに容易かった為に又さう容易く離縁なさる心になるのだと想ひます。貴女の夫の方が働きのないのは仕方がないとし、若し貴女が側から励しておや

08 りなすったら、男ですもの、相応の働きは出来さうなものと想ひます。職業
09 に就ても品の善い仕事を望めばこそ見当らないのですが職業は神聖なりとの
10 立場から、一段品の下った仕事をやらうといふ気になれば職業難を嘆つ必要
11 はないと想ひます。夜店でも出す位の決心があれば何んでも出来ます貴女も
12 さういふ決心で、夫と協力し一生懸命に運命を開拓なさることを望みます。

〔『読売新聞』大正三年五月五日〕

〔資料3-3-2-3-2〕

離縁もまた、日常生活の領域における事柄のひとつである。ここでは、離縁したいと訴えるその正当性の根拠として、夫が働かずに——しかも、それは生来の性質に加えて起った——経済的に困窮しているということが述べられている。さらに、「どんなに稼いでも『焼石に水』」（03行目）であるというように、自分が離縁を検討することの正当性を強調している。「どんなに～でも」という表現は、仮定的に、しかし絶望的に、状況が困難であることを示す。そして、「焼石に水」という慣用句を使用することで、その状況を詳細に記述する手間を省きつつも絶望感が訴えられている。

それに対して回答は、仮定法を駆使し、「貴女」（07行目）——他の誰でもない——に対してなされている。「何んでも」（11行目）は「どんなに」（03行目）よりも、より包括的な意味をもつ副詞であり、それは「どんなに」をも含んでいる。そして、「焼石に水」というひとつの語句によってしか表現されていない状況を、仮定法を用いることによって、その内容を描き出し（そして糾弾もし）、これらは「何んでも」には及ばない

状況として、相談者の「どんなに」という事態のそもそもの状況として結果的に確定されている。そのようにして、相談者の提示する問題は、その境遇を脱しうる可能性をもつ、ひとつの現実として作り上げられている。また、そのように相談者の現実を構築することによって、問題に対する解決も無数の選択肢の中からひとつに特定することが可能になっている。

回答がこのような細かな技法によって構成されているのは、それが問いという既に語られている「物語」を補完しながら、自らも「物語」として成立しなければならないという二重の規制の中で行われているからであると考えられる。このように考えるならば、回答というものは、問いで語られた「物語」の続きを考えること、つまり「物語」の続きの「物語」を語ることである。回答によって問いが前提的な現実として構築され、演繹的に回答は導き出されている。このように高度な技法により編成される回答が必要であるのは、その問いの部分に現れた「身の上」をめぐる語り方が、それまでの「身の上」をめぐる語り方よりも洗練されているからである。

4 「身の上」の成立——「身の上」として語ること

これまでの資料の分析において、とくに注目すべき点は〈規範的な語り〉の登場である。婚姻に関する問題のところで触れたように、それは個人的イベントであると同時に国家的制度でもある。つまり、そのような事柄について語ろうとするとき、そこには、私的と制度的という、少なくともふたつの水準（文脈）が選択可能なのである。そのようなとき、〔資料3‐3‐2‐2‐1〕のような回答が生まれると考えられる。回答がふたつの文脈から語られているのは、問いがどちらの視点も提示していない――ふたつのうちのどちらも選択していない――ことに起因している。さらに、〔資料3-3-1-2〕においては、「私たち」という視点の存在を見出しえた。そして、〈物語的な語り〉の問いに対して、高度な技法に支えられた〈物語的な語り〉によって回答がなされるのが〔資料3-3-2-3-2〕である。この〔資料3-3-2-3-2〕における回答は、単に〈物語的な語り〉であるだけではなく、問いというひとつの「物語」の「続きの物語」と考えられた。この「続きの物語」において現れた言語編成は、問い（「物語」）に対して回答の選択と特定化を可能にするために必要な戦略的技法であった。

以上のことから、「身の上相談」とは〈物語的な語り〉の問いに対して〈物語的な語り〉によって回答がなされる段階のものであると言える。

最後に、以下の資料を取り上げたい。というのも、これは、「身の上」をめぐる語り方の成熟を示すもののひとつであるからである。この〔資料3-4-1〕は、これまで見てきた「身の上」を語る方法とは異なる。ここでは、「身の上」は語られる対象として自明のものとされ、結論を述べるための資源として用いられている。

私は二十四歳になる女でありますが、悲しいことにはこれといふ良縁もなく、只徒らに家事を手伝ひつゝ無意味な日々を送ってゐました。所が、一昨年から母が不治の難病に罹りましたので、専念看護に日を過さなければならなくなりました。最うお医者様も匙を投げて、到底助かりやうはないと云ってゐられた或る日のこと、私の縁談一つが気になって成仏し兼ねると、病床の母が申しましたので、丁度枕頭で看護してゐた姉が、そのことなら案ずるには及びません。もう父上の方で万端話が進んでゐるのですから、何うぞ安心して下さいますやう。と斯う取敢えず嘘を吐いて、その場を慰めて置きました。所が何うでせう。姉の話を聞いて殊の外喜んだ母の病気は、それからといふもの日一日と薄紙を剥ぐやうに良くなりまして、今ではもとの健康体に近いまでに丈夫になりました。そして私の縁談は何うなったかと二言目には姉の返事を促しますので、姉を初め家の者は返事に困って了ひます。今更こうと事の次第を打ち明けるも変だし、何うしたものかと案じた結果、縁談に託して、去る五日の日に、赤飯にお頭付きで祝はれ、思ひ出多い故郷を後に、上京することになりました。さて上京はしたものゝ、別に之れといふ良縁は愚か、知人もありませんので、私としては来る良縁を徒らに手を受けて待つやうな生活をすることは何と云ってもはしたないことに思はれてなりません。就いては将来是非とも商家の主婦として暮らしたい希望から、この際算数簿記などを習って置いたら何うかと、家の人に相談いたしますと、それはよからうといふのでこの程許して呉れました。それには何うぃふ方法を取ったらよいでせうか……

〔『婦人公論』四年五号　大正八年五月〕

〔資料3-4-1〕

結論の部分から言えば、この相談は「算数簿記の習い方」であり、〈情報的な語り〉で取り上げたものとさほどの違いはない。すでに見たように、〈知識的領域〉に関する問いの場合、そこでは〈物語的な語り〉は行われることはなかった。まして、そのような事柄が個人に付随する問題として提示されることもなかった[20]。しかしながら、〈物語的な語り〉ではなく〈情報的な語り〉で語りうるにもかかわらず、出来事が最終的な問いへ向かって配置され構造化されている。この相談について、以下のようなコメントが添えられている。

01 事の余りに喜劇めいてゐるので、捏造の冗談とも考へられる程であるが、併し数多
02 い世間にはこれ位のことはあるかも知れない

〔『婦人公論』四年五号 大正八年五月〕

〔資料3-4-2〕

一部の人びとにとっては、「捏造の冗談」とも考えられる程の「身の上」の登場は、人びとの語り方がそれだけ成熟していることを示している。そして、その「身の上」を「これ位のことはあるかも知れない」と言わせるのである。接続詞の多用（とくに、「ので」という原因・理由とその結果を連関させるもの）は、因果関係をもっともらしく見せてくれる。さらに「私としては」（15行目）という表現は、ある行為の選択において、さまざまに考えうる状況の可能性を出来る限り縮減し、「私」の存在をより一層強調してくれる。このような言語編成は、「物語」という語り方の学習の中で獲得されたもので、「身の上」をめぐる成熟した語

りを可能にしているものであると言える。

この〔資料3-4-1〕では「身の上」は、「私」を構成するひとつひとつの要素から成るものとして理解されている。つまり、この語りは、「身の上」とは何を指し如何にして語りうるのか、という手さぐりの状況を脱しているものとして捉えられる。複数の出来事が巧みに接続され、「身の上」とは如何にして語られるべきかということが了解されている語りとして位置づけられるだろう。

5 「身の上」の記述を可能にしたもの

先に触れた池内(1953)も述べているが、「身の上相談」が人びとに注目され盛んになっていったのは、大正期になってマス・メディアが一層発達してきてからである。第1章において確認されたことでもあるが、雑誌というメディアが都市部だけでなく地方においても広く読まれるようになりはじめたのは、交通網の発達とともに活字メディアが全国に浸透していった明治二〇年代以降である。また、教育の面から見ても、限定的な読者ではなく、女性も含めてある程度の人びとが活字メディアに触れられるようになるのは、明治三〇年代以降である。明治初期における識字率は高いとは言えず、実際に多くの人びとが新聞や雑誌等を手に取り読むことができるようになったのは明治後期頃であった。マス・メディアの浸透とともに「身の上相談」が成立してきたということは、それらを「読む」ことのできる人びと——近代読者(第1章)——の存在がその成立を支えていることを示している。

加えて、「身の上相談」という取り組みが可能になるには、そのように「読む」ことのできる人びとがいるだけではなく、さまざまな経験で構成される「身の上」を書いて提供してくれる人びとも必要である。つまり、さまざまな「身の上」を「読み」・「書く」というふたつの行為の変容を経たことによって「身の上相談」は可能になったのである。第1章で確認されたように、作者や作中人物に同化を遂げる読者の成立（前田［1973］2001）は、この近代的な「読む」という行為が確立したことの現れとして捉えられる。また、言文一致体という新たな書き言葉の登場により、「文章はみずみずしい表現性を回復し、民衆の生活の中に帰って」（松下 1960: 49）きた[21]。これらふたつの行為の変容は、『女学雑誌』「いへのとも」以降、明治二〇年代から三〇年代の間に起こったものであり、これらが「身の上」を語ることを可能にした要因として考えられるのである。

6 「物語」と生活世界の記述

このようにして「身の上」は見出されたものにもかかわらず、そのことは忘却され、物語化という語り方の成熟とともに、「身の上」について語られるのではなく、語られる対象として自明視されたうえで「身の上」として語られるようになった。「身の上」とは何を指し示すのかが確定され、その語られ方が定型化した状態を、「身の上」として語るという行為として解釈しうる。

何かを「〜として」語るということは、語る対象を前提的に存在していたように捉えることで可能になっている。そのようにして語ることは、その語りの対象である何かがどのようなものなのかについて、逐一確認しないことである。それは、ある意味で、思考せず疑わず受け入れることである。それに対し「〜について」語ることは、その対象に関して思考することを含んでいる。このように考えると、ある意味で思考を停止した「～として」語ることは、積極的に何かを獲得しようとする行為とは対極にあるものとも言える。しかしながら、視点をどのようにして語るかという行為の水準ではなく、その「～」という対象自体に据えなおすと新たな解釈が生れる。つまり、「～として」語ることは、「～について」語る行為と比較すれば、消極的な側面を持っていると言えるが、それは視点を変えれば、すでに獲得している語られる対象自体への馴化と考えることもできるのである。「身の上相談」の場合、「～について」から「～として」への転換は、語られる対象としての「身の上」という「物語」自体への馴化の結果であり、「物語」という様式とその言語編成に対する戸惑いの消失としても理解されうる。

「身の上」は『身の上』として」語られるとき、「『身の上』について」語られるときよりも、人びとにとってより馴染み深い様式――「物語」――となっているのであり、「私」という視点のもとで語られるべき対象として疑いなく語られる。「『身の上』として」語られる限りにおいて、その意味づけは必然的に、かつ決定的に私的になる。「身の上相談」における相談者の問題は、国家的政策や制度と個々人の日常生活において体験されるものが重なり合う領域にあるものである。「身の上相談」とは、そのようにふたつの文脈によって、説明可能・解釈可能な事柄をめぐる語りに萌芽を見出しえた。人びとは、自身の「身の上」について、その意味や意味づけの方向性を問いなおし始めたのである。自身の置かれた状況について問い直すという行為は、その状況のいくつもありえたはずの意味と説明可能性を絞り込んでいくことである。つまり、この問い直すという行為は、人びとが指針とすべき道徳や規範といった、自身の行為の基準あるいは制約の境界を確定していく作業であると言える。そして、このようにして規範や道徳が構築されていく領域こそ、まさに、「社会」と呼びうるのではないだろうか。つまり、「身の上相談」とは、そのような領域の析出作業の一部であり、「身の上相談」の成立はこの「社会」の表出と連動していると考えられるのである。

そのように考えられるのは、「身の上」というものが語られることを通じて表象されることによって、人びとが共有可能になっている「経験」であるからである。「経験」とは、「物語」の様式によって語られる。「経験は『物語』を語る言語行為、すなわち物語行為を離れては存在しないのであり、物語行為こそが『経験』を構成」（野家 2005: 85）する。そもそも、何かを語ること自体がその語られる対象を形作っていく実践であり、何かを語るという行為は、それらを「共同化する運動」として捉えられる（野家 2005）。「身の上相談」の場合は、その語り方が「物語」という特定の様式をとることによって、その運動が開始され維持されている。「物語」は、「経験を組織化し秩序立てる力」を持つ（井上 2000）。私たちの経験は、物語化して語られることによって理解可能になり、規範的にも正当化されうるかたちになる。したがって、経験を語ること、すなわち「身の上」を語ることは、その社会的な認知可能性と規範的な正当性を共同で探り、確定していく作業のひとつであると言える。つまり、私たちは、物語るという言語実践とそれを「読み」・「書く」という作業を通して「社会」という生活世界を目に見えるかのように描き出し、まさにそれを感受していると考えられる。

注

1 紙誌上「身の上相談」が登場した当時は、問いと回答はばらばらに掲載されていたり、回答者も現在のように専門家ではなく、読者だったり新聞記者だったりした。

2 これらの先行研究については次節で検討するが、別稿でもより詳細に論じている（矢﨑 2013）。

3 ここでは国家と個人の間という意味。北垣（1993）および Donzelot（1991 = 1994）を参照されたい。

4 『女学雑誌』の読者は女性だけでなく男性も多かったようであるが、主に中産知識層の家庭で支持されていた。

5 同誌は巖本善治によって刊行されたキリスト教的思想を基礎とした文芸雑誌であり、女性の教養を高めることを目的のひとつとしていた。発刊当時はキリスト教思想の影響のもとに、結婚、恋愛、一夫一婦制などを再考する動きが激しかった時期であり、同誌はそういったものを先導する役割を担っていた（加藤 2004）。

6 行番号および波線は筆者による。また、漢字については、旧字体を新字体に改めている。以下の資料も同様である。

7 当時は、それらの媒体である雑誌自体が短命であったため、そういった特集欄も継続的ではなかった。

8 池内（1953）、および山田（2007）参照。また、『婦人公論』には以下のような記述がある。「新聞紙上の一種の副業として、（身の上相談）の一覧を設けたのは、日本の新聞紙上中で、都新聞が最初でありました。今日では読売新聞の婦人欄にも、婦人を主とした身の上相談の一項を見ますが、本家本元は何と云っても都新聞であります」。（『婦人公論』大正六年二（八）：趣味一）

9 『読売新聞』においては、一九三七年から四九年の間の中断があったが、「人生案内」という名称で現在も同様の内容で掲載されている。

10 大正九年『婦人くらぶ』一巻一号参照。

11 第2章4‐1‐2を参照されたい。

12 女性の書き手による相談が中心になる。もちろん、男性による相談もある。

13 雑誌、新聞と異なる媒体を用いるが、「身の上相談」は広く一般的に行われるものであり、当時においては、媒体の違いによる語りの差異はほとんどないと考えられる。なぜなら、語りの三類型は「いへのとも」をもとにしているが、その他に分析の対象とする媒体の資料も、この類型に当てはまらない否定的資料は確認されないからである。

14 資料における各種の傍線は筆者による。傍線は主語としての「私」、二重傍線は接続詞、破線は時間的順序に関する語句、二重波線はその他の注目点である。

15 「ら」は自己卑下表現を意味することもあるが、この場合、「私のようなもの」というよりも「私たちのようなもの」という意味であると考えられる。

16 一一一ページに記載のものも含む。

17 計算用具のひとつのこと。算木。

18 「いへのとも」は、雑誌の読者が後日回答を送る形式になっており、相談によっては回答を得ぬままになっているものが一三件ある。

19 確認を行った『都新聞』「相談の相談」のうち、四七件が〈物語的な語り〉によって回答がなされている。

20 一部、法律の問題に関しては物語的に語られる場合もある。『都新聞』「相談の相談」においても法律に関する問い合わせがあり、〈物語的な語り〉によってなされている。

21 文体の変化が自己を語る行為に影響を与えたことは、第1章第6節を参照されたい。

第4章 自己物語と「共同性」の生成

1 本章の目的

前章（第3章）では、紙誌上の「身の上相談」というテキストの分析を通じて、それらが明治一九年頃から明治三〇年代後半にかけて物語化したことが明らかになった。とくに、明治三〇年代後半以降のテキストは、〈物語的な語り〉と類別されたように、「物語」の要素である「出来事の時間軸に沿った選択的構造化」と「因果連関による出来事の説明」が顕著に見られるものであった。

本章では、この明治三〇年代後半に登場するテキストの少し前――明治三三年から三四年にかけて――に書かれたテキストを詳しく分析する。この分析は、前章での分析により抽出された〈物語的な語り〉の言語編成についてさらに詳細に検討するために行われる。この時期における自己についての〈物語的な語り〉は、その言語編成が定式化し、自身についてだけでなく他者についても「物語」の様式によって記述されるということが見られる。このことから、人びとは、自身の「身の上」や人生についてそれらを物語的に記述するだけでなく、他者のそれらをもまさに「物語」として理解するようになっていることが明らかになるであろう。そして、それは結論部で議論されるように、「社会」の可視化と「共同性」の生成を示すものである。

よって、本章の目的は、明治一九年頃と三〇年代のテキストの決定的な違いである〈物語的な語り〉に見られるような言語編成について、別の資料——雑誌上の日記——からも詳しく見ていくことである。この決定的な差異、つまり、〈物語的な語り〉に見られる特徴的な言語編成を支えるものがどのように実践されているのかを、本章でも前章（第3章）と同様に資料に基づき分析的に明らかにしていく。

それは、予見的に述べるならば、物語性（Narrativity）である。物語性は、そのテキストを決定的に「物語」とする要素である（Prince 1982=1996; 2001; 2003=2015）。この物語性がテキストの言語編成に組み込まれることによって、構造上ゆらぎの少ない強固な〈物語的な語り〉として認められる。そして、後述するように、そのようにして生み出される〈物語的な語り〉は自身のことについての単一の「物語」だけからではなく、自己物語の中にさらに他者の「物語」が埋め込まれた二重の「物語」からなる独特の言語編成を持つものとしても現れる。

そこで、本章では、雑誌上に掲載されている日記を分析対象として、〈物語的な語り〉の言語編成について、前章で確認されたものとはまた異なる、それを支える具体的な言語実践を明らかにしていく。分析の対象となる日記には、自身についての単一の「物語」からなる〈単一構造的な語り〉と自身の「物語」に他者の「物語」が内包された入れ子構造をもつ〈多層構造的な語り〉がある。これらの語りの言語編成を詳細に分析することを通じて、これまで見てきた〈物語的な語り〉とはまた異なる「身の上」――自己物語――の記述が可能になっていることの含意について考察を行う。

以下ではまず、〈単一構造的な語り〉である自己物語を分析し、次に〈多層構造的な語り〉である自己物語の分析を行う。単一の「物語」から構成される自己物語である〈単一構造的な語り〉は、その構造上は前章（第3章）で確認されたものと同様のものである。それに対して、〈多層構造的な語り〉は単一の「物語」からなる自己物語とは異なる言語編成からなり、定式化した〈物語的な語り〉の言語編成が新たな局面を迎えていることを示す一例として捉えられるものである。そのように、〈多層構造的な語り〉による自己物語は、そもそも自己物語がどのようなものであるのかという了解があった上で、それを他者についての記述に応用するという実践によって成立していることを示していると考えられる。

2　日記に現れる自己物語を分析すること

そこで、本節では、まず分析の対象とする日記の概略を確認し、これを分析の対象とする理由について述べる。そして、これまでの日記研究について検討する。そこで、日記とは、個人的な行為でありながら社会的な行為として捉えられることが指摘される。本章でもそのような観点を踏襲するが、一方で、本章では日記それ自体というよりも、そこに現れる自己物語を分析するという独自の視点から分析を行っていく。

2-1　分析の対象

本章で分析の対象とするのは、明治三三年から三四年の間に雑誌『ホトトギス』に掲載されていた日記である。この雑誌は「俳句雑誌」であり、内容の中心は俳句に関するものである。もともとは、明治三〇年に柳原極堂により創刊されたもので、第二巻第一号からは正岡子規が主幹となっており（鈴木 2007: 21）、現在も刊行されている雑誌である。その歴史の中でも分析の対象とする時代においては、第2章でも触れた「写生文」という文体を強く押し出し、また普及させようという目的もあり、俳句に限らずその趣旨に沿った文章が掲載されている。

そのような状況の中で、明治三三年七月の第三巻第一〇号の稟告において、「某日より某日までの日記にして諸君が見聞し或は自ら行いたる趣味ある事実の写生を募る」（明治三三年七月三（一〇））と日記を募集することについての告知があり、このように募集された日記は「募集日記」と題して明治三三年一〇月の第四巻第一号から掲載されている。

この「募集日記」は、明治三四年二月の第四巻第五号から「募集週間日記」とタイトルが変更されるが、明治三四年一一月の第五巻第二号まで隔号掲載というかたちで続いている[1]。この間の日記の総数は六一編で、総日数は四二七日分である。そこでは、基本的に一週間（七日間）の出来事がその日毎に記述される形式になっており、一日分が何百字にも及ぶものもあれば、食べたものが列記されているだけのものもあり、その内容はさまざまである。

この日記には、日記とともに投稿者の居住地（地域）とペンネームも掲載されているが、中には居住地の記載がないものもある。居住地を見ると、日本各地に留まらず、ときには朝鮮や中国本土、台湾など海外からの投稿もある。さまざまな土地のものが取り上げられているのは、読者の知らない土地の日常についての想像を喚起するという狙いがあったと考えられる。

一方ペンネームを見ると、別の日記でも同一人物である可能性があるものが含まれており、日記の総数と掲載者数は一致しないと考えられる。鈴木貞美は、「募集日記」の応募者について「まずは『ホトトギス』の購読者であり、俳句に関心をもつ者のうちでも、庶民の遊びであった俳句を芸術に高めようという旗を打ち立てた革新派に関心をもつ人びとに限られていたと考えられる」（鈴木 2007: 38）としている。確かに、日記の中には俳句を含んだものが見られ、また、『ホトトギス』を購読していることを記述しているものも見られる。

以上が、『ホトトギス』「募集日記」（「募集週間日記」）の概要であるが、本章においてこの資料を分析する対象としたのは、以下の点からである。まず、明治時代における日記については知識人が残しているものも数々あるが、それに対してこの資料は、庶民あるいは庶民に近しい人びとによって記されたものである点である[2]。また、そのような人びとによって記された日記が、ある一定期間まとまったかたちで残っており、かつ雑誌上で連載されている数少ない貴重な資料でもある。加えて、本書の目的との関係で述べるならば、知識人のように記述するということを生業の一部としているような人びとではなく、記述するということに慣れきっておらず、まさに慣れようとする人びとの運動的側面を考察することを可能にする資料としても位置付けられるからである。

2-2　従来の日記研究と本章との相違点

日本では「日記文学」と呼ばれる分野があり、日記の分析は文学研究の一領域として展開されてきた。玉井幸助は、藤原忠平の『貞信公記』（九〇七から九四八年）の記述から、当時の日記においては、公的な行事について淡々と書き記すことだけに専念することが特記されており、この点から「自己の思はくを加えてはいけない」ことを指摘しうるとしている（玉井 1945: 244-5）。これをよく表している例として、平安朝女流日記の嚆矢とされる『蜻蛉日記』（九五四から九七四年）における記述を挙げることができる。『蜻蛉日記』の冒頭で、「人にもあらぬ身のうえまで書き日記してめづらしきさまにもありなん」（今西 1996: 17）と、私事や私情を書き記すことについてわざわざことわっているのである。ということは、私たちのこんにちの一般的な「日記＝私的なもの」という理解は、実は自明のものではないと言える。ここでは古代から中世および近世にかけての日記および日記文学に関する詳細には立ち入ることはしないが、日記というものが日本において一部の人びとの間では盛んに行われていたことは指摘し得るだろう（Keene［1984］2011；［1988］2012）。鈴木は、江戸時代においては庄屋や番頭等が業務記録をつけていたことが考えられるが、庶民がいわゆる「日記」をつけ始めた時期についてははっきりとは分からないとしている（鈴木 2011: 435）。

以上が端的ではあるが、日本における日記を記述する行為とその内容に関する概観である。以下では、社会学あるいはその周辺領域の中で日記がどのようなものとして扱われ、分析されてきたのかを検討する。

プラマーは、生活史研究を行う上で日記が生活記録の一部であり、その研究のための素材となりうることを指摘している（Plummer 1983=1991: 28-33）。それは、日記というものが「日記作者にとって意味のある、しかも同時期に現下に起こった公私両方の出来事の流れを、そのまま書き留めているもの」（Plummer

1983=1991: 28）であるためだとしている。その上で、日記を使用した研究の主要なものとして以下の三つを挙げている。一つ目の研究は、社会学者が被対象者に一週間日記をつけることを依頼し、彼ら――サンフランシスコの上流階級――の生活の典型を見出すものである。二つ目の研究は、研究者が参与観察を行いながら特定の一日について生活の細部を描写するために日記を用いるものである。三つ目の研究は、「日記‐日記面接法」と呼ばれるもので、被調査者に日記をつけさせ後日その記述について本人にインタビューを行い内容を確認するというものである。

これらプラマーが挙げた研究方法の三つ目の研究と類似したものであり、かつ、本章での分析対象と同時期に書かれた日記を分析の対象とした生活史研究がある（水越 2002）。水越紀子は、米澤弘安という象嵌職人の日記中の妻に関する記述から、彼女のライフストーリーを検討している。この研究では、日記中の記述だけを追うのではなく彼女の子どもたちへの当時の様子の聞き取りも実施されている。先程のプラマーの分類からすると、この研究の方法は、「日記‐日記面接法」の応用ヴァージョンであると言えるだろう。水越がこのような方法を取ったのは、日記には書き手によってその一貫性が意識されるために、書くべき出来事が取捨選択されており、日記の記述だけではその中に登場する人物の生活史を明らかにすることはできないと判断したためである（水越 2002: 50）。水越（2002）は、日記上の妻に関する記述の内容あるいはその事実性に注視しているが、出来事が書き手によって取捨選択されていたとしても、そのようにして書かれたテキストそれ自体が、書き手の言語実践であるという点について考察を行うことも必要であると考えられる。考察の対象とする人物と日記の書き手が異なっているため、そのような方法が取られているが、事実性の検証ではなくそのテキストが意味すること自体にも目を向ける必要があろう。本章では、そのような事実の検証という水準ではなくテキストそれ自体の言語実践に焦点を合わせる。そうすることによって、人びとの経験の様式がどのように形作られているのかが明らかになるからである。

また、鈴木（2007）は、本章の分析対象と同じ「募集日記」を分析しているが、彼の分析は文体——とくに語尾「だ、である」体か「です、ます」体であるか——を中心にしているため、先で見たような日記分析とはその焦点が異なる。これは鈴木が、当時の言文一致の状態を庶民の書いたものから検討することを目的としているためである。つまり、鈴木は個々人の営みであるひとつひとつの日記を、言文一致（運動）との関係という社会的な水準において検討しようとしたのである。鈴木はこの問題について、漢文読みくだし文体の文末規範の強い影響下にない庶民の手によって書かれたものであったために「する、した」体や「だ、である」体が多く採用されているのではないかと結論づけている（鈴木 2007: 64）。言文一致の実態に注目するという点は、本書第1章の議論と重なるものである。しかしながら、本章では言文一致を文体上の語尾の変化の問題として見るのではなく、書かれる対象との関係においてどのような様式として現れるのかという点を問題とする。換言すれば、本章は、日記という個人的な営みと思われる行為が、その記述の対象となるもの——自己——を記述する際に見られる特定の言語編成によって、社会的に共有されていく過程を描くことを目的としているのである。

一方、日記を記すという行為が個人的な営みではなく、社会的・集合的行為であるという視点を取るものも行われている。西川祐子は、日本における日記をつづるという行為を個人の営みとしてだけではなく、社会における慣習のひとつとして捉えることを提案している（西川 2009: 3）。そして、個々人によって書かれた日記を個別のものとして分析するのではなく、共時的な産物として複数の日記をつなぎ合わせながら読み解くことを試みている。その結果、日記をつづるという行為が性別意識や職業意識といった、社会規範や社会意識を創造あるいは維持する国民教育装置であることを指摘している（西川 2009: 291-2）。このことは、日記をつづるという個人的な営みと考えられる行為が、時代時代のある特定の社会構造を維持するという機能を果たすものであることを指摘するものである。

先に見たように鈴木（2011）は、庶民が日記を記すようになった正確な時期については不明であるとしていたが、それに対して、西川は明治後期から大正期にかけて「とつぜん個人の日記が書きはじめられ」（西川 2009: 47）、日記帳の出版の旺盛の時代への流れとともに日記を記すという行為が広がりをもっていったとしている。ここで第1章で検討した教育制度の拡充による就学率の向上および出版・活字文化の浸透という状況を振り返ると、日記を書き記すという行為が成立する過程もまたこの時期と重なることを指摘できる。人びとは、「物語」を「読む」という活字文化への接触という実践に加え、それを「書く」という行為もより身近なものとして実践しうるようになったのである。

本章で取り上げる日記は、雑誌上で公開されているものであり、誰でもが読む可能性のある公的なものであると言える。つまり、西川の観点を交えて述べるならば、この日記が、個人的な営みであると同時に社会的な水準においてもある特定の機能を果たしているものとして考察する必要があるということである。

以上が社会学とその周辺領域における日記研究の概略である。本章では、「募集日記」のいくつかを取り上げその言語編成を詳細に分析する。本章の分析対象は、日記それ自体というよりも日記に現れる自己物語とその記述様式である。よって、先のような日記研究とは方法を異にするものであり、本章でも、前章（第3章）で採用したテキストの言語編成上の特徴を分析的に明らかにすることを試みる。前章（第3章）では、明治一九年頃のテキストと三〇年代後半のテキストに明らかな言語編成上の差異が認められることを確認したが、本章ではその差異のより詳しい様相が見えてくる。その際、後述する「物語」の物語性とパターンに注目する。というのも、これらは自己物語を形作る言語編成を支える要であるからである。

3 「物語」を捉える視点――物語論と自己論から

前章（第3章）での分析で明らかになったように、〈物語的な語り〉とは、いくつかの出来事を順序よく並べながら、自己の位置づけを相談するに値する存在へと至るように、適切に出来事の関係性が記述されているものであった。そして、これは、井上の言う「現実あるいは架空の出来事や事態を時間的順序および因果関係に従って一定のまとまりをもって叙述したもの」（井上 2000: 158）として捉えられた。そこで、以下では、雑誌上の日記において、この「叙述」が自己について――自己物語――の場合どのように編成され可能になっているのかを見ていく。

そのために、ここで注目するのが「物語」の物語性とパターンである。後述するように、物語性（Narrativity）は「物語」には欠くことのできない要素であり、それは、〈物語的な語り〉にも組み込まれていると想定される。あるテキストにおいて、それが「物語」として認識されうるかどうかは、その「物語」に物語性が組み込まれているかどうかにかかっていると言えるからである。また、「物語」には内容から見るといくつかのパターンがある。これらのパターンは、どのような自己が達成されているのかに関わるものである。このパターンも、日記に現れる自己物語を読み解く鍵となる。

したがって、本節では、まず、物語性とは具体的にどのような要素であるのかを、物語論における定義から検討し、「物語」のパターンについては自己論における議論を参照する。その上で、本章における分析の視点を明確化する。

3-1　物語論における物語性

物語論については第2章で触れたが、その際、物語性については言及していなかったので、ここで改めて、物語論において物語性（Narrativity）はどのように捉えられているのかについて概観することから始めたい。

プリンスは、物語性について「物語を物語たらしめる形式的・文脈的特性」（Prince 2003=2015: 132）としている。また、彼は別の論文においても「所与の物語を物語それ以上でもそれ以下でもなく成り立たせるもの」（Prince 2001: 44）と述べており、どちらも物語性について「物語」をまさに「物語」として成立させるある種の特性であるとしている。では、その物語性とは具体的にはどのようなものなのだろうか。彼は、以下のように定義している。

任意の物語の物語性は、方向づけられた時間的全体の提示（予見的には始めから終わりへ、遡及的には終わりから始めへ）、葛藤の内含、具体的な個々の状況・事象の構成、人間的な（あるいは人間化された）企図と世界とによる有意味化などによって、その物語が受け手の欲求をどの程度まで満たすかに、部分的にはかかっている（Prince 2003=2015: 132-3）

この定義について検討すると、時間的全体の提示は、「物語」の進行にかかわるものであり「始め」と「終わり」の存在の必要性に関するものである。「物語」には、予見的であれ遡及的であれ「始め」と「終わり」がある[3]。また、葛藤の内含は、精神的あるいは心理的なものの描写を指すと理解しうる。とくに、困惑や苦悩など自身での対処が不可能であるか難しい事態に関するものを葛藤として捉えられるだろう。さらに、具体的な個々の状況・事象の構成は、時間的全体の提示および有意味化と関係するが、複数の出来事が有機的に構成されていることである。次に挙げられている有意味化は、(複数の)出来事の外部世界との意味連関が示される必要があることを示している。以上のことが、受け手(読者)に向けてなされていることがひとつの条件となっている[4]。

ただし、ここで注意しなければならないのは、この全てを満たしていなければあるテキストが「物語」とならないと言い切れない点である。このうちの、どれかひとつしか見いだせない場合もあるし複数見出しうる場合もありうるだろう。

本章で分析する日記も含め、「募集日記」に記載されている日記の多くは、時系列に沿って一日の出来事が記述されている。朝の起床から夜床に就くまでに起きた出来事が記述される。ときには、はっきりと時刻を詳細に記述しているものもある。このような記述は、プリンスが指摘している物語性のうち、時間的全体の提示を満たすものである。しかしながら、時刻の詳細な記述とそれに沿って出来事を記述しているだけのものは、「物語」という概念の中でも「ストーリー」(第2章、Forster 1927=1994: 40)に近い。これに従って考えると、食事や業務の記録といったような備忘録的な記述は「ストーリー」であるとすら言えないだろう。つまり、そのような記述は「物語」ではない。そのため、これらのような日記は、今回は分析の対象として取り上げていない。

一方、複数の出来事の時間的な順序に加え、それらが因果関係によって記述されている編成をもつものは、「ストーリー」に対して「プロット」と呼ばれる（第2章、Forster 1927=1994: 129）。「プロット」は複数の出来事の時間的配列よりも、出来事と出来事の因果関係に重きが置かれるものである。これは、第2章でも確認されたもので、前章（第3章）で見出された〈物語的な語り〉に見られる記述である。

以上より、物語論における物語性のうち、とくに重要だと判断されるものは、（A）始まりと終わりがあること、（B）時間の提示、（C）出来事の有意味化、（D）出来事と出来事の因果関係、となるだろう。これらのうちのいくつかは、以下で参照する自己論における「物語」の慣習やルールと重なっている。以下では、まずこの点について確認した上で、自己論における「物語」のパターンを見ていく。

3-2　自己論における「物語」のパターン

自己論における「物語」に関する研究において、「物語」のパターンがいくつかあることが指摘されている。

ガーゲンは、それらのパターンの前提として、理解可能な「物語」には特有の慣習やルールがあるとする（Gergen 1999=2004: 103-5）。それらは、①収束ポイント、②収束ポイントに関係する出来事、③出来事の順序、④因果的連関、の四つである。収束ポイントとは、語りのゴールのことを指す（Aの一部）。そして、その定められたポイントに関係する出来事が時間的な順序に沿って並べられ（B）、さらに、それらが収束ポイントに向かって因果連関によって説明される（D）とき、私たちはその語りを「物語」――より現実的なあるい

【表5】「物語」のパターン

	分類	内容
(a)	不変の物語	変化がない
(b)	前進する物語	右肩上がり
(c)	後退する物語	降下していく
(d)	メロドラマ物語	(b)(c)を繰り返す
(e)	永遠の幸福と冒険物語	(b)から永遠の幸福へ、そして紆余曲折

は現実に即した「物語」――として認識するとされる。これらがそろっていればいるほど、「現実と一致しているかのように見える」（Gergen 1999=2004: 102-3）のである。

さらにガーゲンらは、「物語」の内容からその分類を行っているが（Gergen and Gergen 1997）、それらが【表5】で示されているパターンである。「物語」の内容において変化のないものを（a）「不変の物語」（Stability Narratives）としている。一方、「物語」が右肩上がりに進行していくものを（b）「前進する物語」（Progressive Narratives）とし、反対に降下していくものを（c）「後退する物語」（Regressive Narratives）としている。また、「前進する物語」と「後退する物語」が交互に現れ急激に展開しつつクライマックスに至るものを（d）「メロドラマ物語」（Tragic and Comedy-Melodrama Narratives）と定義している。さらに、「前進する物語」が永遠の幸福に達しその後紆余曲折があるものを（e）「永遠の幸福と冒険物語」（"Happily-Ever-After" and Romantic Saga Narratives）としている（Gergen and Gergen 1997: 164-8）。

そして、これらの基本的な「物語」のパターンは、社会内の機能的必要性と切り離して考えることはできないとしている（Gergen and Gergen 1997: 175）。それぞれの「物語」は、人びとに対して模範的・規範的な道筋を提供し、またそのように生きるということを示しすらするのである（Gergen and Gergen 1997: 175）。

例えば、「前進する物語」の存在は、自身が「後退する物語」の中にあると考えている人びとにとって「前進する物語」へ移行しようとする動機づけになることがあることを指摘しうる（Gergen and Gergen 1997: 175)。

このように、自己論において「物語」はまさに自己を形成していくものの一部として捉えられている。どのような自己として存在しているのかということは、どのような「物語」を生きていると語られているのかということと同義とされている。このような考え方は、自己がまさに「物語」であり、さらには、それを語るという行為と切り離して考えることができないという視点によるものである。

これらの「物語」の基本的なパターンのうちの一部が、日記において記述されている自己物語の中にも見られる。そして、それらは自己物語の内容においてだけでなく、言語編成との関係においても重要な意味を成す。この点については、次節以降の分析において再び言及される。

3-3　本章での分析の焦点

以上見てきたように、物語論における物語性は、その「物語」の構造上の特徴に重点を置いたものであり、テキストにそもそもから備わっている静的なもの（構造）としてそれが捉えられている。一方、自己論における「物語」に対する考え方は、何かがテキストにすでに備わっているというよりも、そのパターンに現れていたように、自己を形成することに関わる動的なものとして捉えられている。

そこで、次節では、この静的・動的な両者の観点を取り入れて援用しながら分析を行っていく。というのも、自己物語は、静的であると想定される構造に動的な側面を含むパターンが組み合わさることによって記述可能になっていると考えられるからである。そのように分析することによって、日記に現れる自己物語に特有の言語編成の詳細が明らかとなる。そのような分析を通じて、その自己物語が社会的な水準においてどのような機能を果たしているのかを考察していくことが可能となるであろう。

以下の分析においては、自己物語における物語性を抽出しつつ、その「物語」がどのようなパターンで記述されているのかにも注目する。日記に現れる自己物語が、どのように開始され終了しているのか（A）、その中でどのようなものが有意味な出来事として提示されているのか（C）、出来事と出来事の因果関係がどのように記述されているのか（D）、それは時間的進行に沿っているのか（B）、そして、それはどのような「物語」のパターン（a）（b）（c）（d）（e）になっているのか、という点に注目してその言語編成を分析的に明らかにしていく。

4　日記に現れる自己物語

本節では、まず〈単一構造的な語り〉である自己物語を分析し、その上で、〈多層構造的な語り〉である自己物語について分析していく。

〈単一構造的な語り〉による自己物語は、自身が自身によってその抱える問題を記述したものであり、そこに登場する「物語」は日記を記した本人のそれひとつである。前章（第3章）での議論と重なるが、問題や困難な状況を記述するには、自分自身だけではなく他者にとってもそのように思い悩むことが正当であることの説明として成立していなければならない。そのため、説明という叙述においては、「物語」における典型的な言語編成上の特徴が顕著に現れる。

また、〈多層構造的な語り〉による自己物語は、日記を記した本人の自己物語の中に他者の「物語」が含まれており、「物語」が二重になっている。そのため、〈単一構造的な語り〉とはまた異なる言語編成が確認される。よって、日記を記した本人の自己物語と他者の「物語」の両方を分析しつつ、それらがどのように結びついているのかについても見ていく必要があろう。そして、この「物語」と「物語」の結びつきは、「物語」という記述様式が、自身と他者との結びつきをも意味することが示される。

4-1 〈単一構造的な語り〉による自己物語――トラブルと「私」

ここでは、〈単一構造的な語り〉による自己物語を分析していく。とくに、自身の直面している何かしらのトラブルについて記述されたものを取り上げる。なぜなら、トラブルについての記述では、それに対する有意味化（C）が行われることが確認されるからである。

前章（第3章）で見た「身の上相談」と同様に、日記にも「問題を抱える私」についての記述が見られる。そして、自身の抱える問題についてそれが具体的にどのような状況であるのかが記述される。トラブルに関する記述は、それが書くに値するものとしてなされる必要がある。この点は、「身の上相談」の場合と同様である。しかしながら、訴えに応答してくれる回答者がいることが前提となっている「身の上相談」の場合と違い、日記における記述はそのような存在がいない中で行われる。それでも、トラブルが書くに値するように記述されるのは、これは雑誌特有のものとしても考えられるが、「目に見えぬ他者」という読み手の存在が少なからず影響しているからであろう[5]。自己物語が構築される過程において他者の視点が重要である点は、第2章で参照した浅野（2001）の議論でも言及されている。他者の視点への志向が前提されるということは、トラブルとそれへの対応についての正当な説明——動機の説明——が求められるということを意味する。そして、正当性の主張はまず具体的な状況の悲惨さを訴えることから開始される。

次の〔資料4-1-1〕では、「人生の不幸殆ど我一身に集まる者の如し」（02行目）というほどの病に臥せっている生活を強いられている中で、その状況と反するかのような意味を見出すことが試みられている。

01 余臥病五年、立つ能はず坐する能はず、住いて人を訪ふ能はず、出でて広野に遊ぶ
02 能はず、人生の不幸殆ど我一身に集まる者の如し。然れども或は思ふ、余の暇を得
03 て心を文事に専するを得る者蓋し疾病の賜なるか。6

〔『ホトトギス』四（三） 病床読書日記 明治三三年一二月一五日〕

〔資料4-1-1〕

01行目から02行目にかけては、自身の状態に関する描写を淡々と述べつつも、それがどれほどの苦痛であるのかを訴えるものとなっている。もはや、救いようのない状態であることを訴えつつも、02行目の「然れども」という逆説の接続詞以降では、その生活の中に「疾病の賜」（03行目）という明るい意味を見出そうとしているかのような記述になっている。「臥病五年」（01行目）の上「人生の不幸殆ど我一身に集まる者の如し」（02行目）という記述までを見ると、この物語は「後退する物語」（c）として類別可能であるが、「然れども」（02行目）以降では病により強いられている生活の中での苦悩の意味づけのし直し——前進へ（b）

――が行われているため、メロドラマ的な展開（d）を想起させるものとなっている。この逆説の接続詞をはさんで分かれている前半部と後半部の曲折は、トラブルの意味を消極的なものから積極的なものへ変容しようとする言語編成である（C）。前半部の病状の描写は、他者の視点からすると苦痛に満ちたものであるかもしれないが、自身にとっては別の意味をもつものであることを示すことによって、「後退する物語」の中にありながらも、「前進する物語」（b）を生きる自己であるかのように編成されているのである。

そのように、「後退する物語」（c）であるように見えるかもしれないにも関わらず、それが「前進する物語」（b）へと変容しつつあるかのように記述されることによって、結果的に、この自己物語があたかも「メロドラマ物語」（d）であるように見えるのである。つまり、この自己物語は、出来事――トラブル――によってもたらされた状況の意味を変換することによって、収束ポイント（終わり）を「メロドラマ物語」（d）的展開につながるかのように記述することによって可能になっている。収束ポイントをそのような地点に置くことによって、一度しか記述されていない（c）から（b）への展開がこの後も交互に繰り返し現れる可能性があるかのように想起させる言語編成になっているのである。

次の〔資料4-1-2〕は、ある店で番頭をしている者の日記の一部である。日々の仕事に加え、自身が世話になっている主人とその家族のこと、自分の抱える病についての記述がなされている。この記述においても、「問題を抱える私」について詳細に説明することから自己物語が開始されている。病を患いながらも働くことを余儀なくされる中で、書き手はある選択をする。

01　自分は今日も頭脳が破れる様に痛むので、日本橋病院に至り投薬を乞ふた。モウ脳病と相場が極つて居るので、何時でも医者から静養する様にと注意されるのみで、妙な味の半透明な水薬と、白い粉薬を貰ふて来るばかりだ。此の薬は単に一時を凌ぐに足るのみで、自分等の様な半ば腐朽した脳を回復さする事は出来ぬものと見える。自分は暫時の月日此の家を退て、空気の清い静閑なる境に病痾を養いたいと思ふけれども、自分が此家を退くと、自分に代つて凡てを処理する人が見当たらぬとの事で、主人が懇ろに頼み聞えて、今一月、尚一月と、延ひに延ひて、遂に今日に成たのである。然し自分の情として例令破れさうな頭脳を抱へてもだ、無理に此の場合を振り切つて、此の家を退くに忍びぬので。勿論自分は満足なる身体では無い。到底は充血でもして、万事休スと成るかも知れぬ。否多分サウ成るであらうけれども、ドウも死ぬ迄は此家に居たいと思ふ。どうか、どうか、嬢様の琴の音を聞き乍ら死にたい。

〔『ホトトギス』四（九） 番頭日記 明治三四年六月三〇日〕

〔資料4-1-2〕

病状が回復する見込みがない中で、医者に静養することを勧められている。しかし、主人から頼まれて静養することは難しい状況となっている。結局、死がおとずれるかもしれないが「情」もあって静養を諦めてこの家に居続けたいと結論づけている。

より詳しく見ていくと、03行目の「白い粉薬を貰ふて来るばかりだ」の「ばかり」という事態を強調する副詞の使用は、自身の状況が変えがたいことを強調するものである。同様のことが、02行目と04行目の「のみ」という記述からも言える。もはや手の打ち様もない状況でありながらも、日常として仕事が続いてきたという状態について具体的で詳細な記述が行われている。

その後、静養したいと思う「けれども」（06行目）主人に頼まれているので今日まで至ったことが説明されている（05行目から08行目）。この逆説の接続詞は、自身の意思に反してこの家に居続けているという現在の状況が「頼まれたこと」であり、自身に選択の責任のないことであることの正当性をより明確に記述するために使用されている。そのように「頼まれたこと」であり自身の意思による選択ではないことを主張しながらも、結局は「死ぬ迄は此家に居たいと思ふ」（11行目）というふうに自身の意思に基づく決意として記述されている。ここに、この「物語」の「ねじれ」が確認される。

そして、死ぬかもしれないと考えていることを示しつつ、この状況下での残された明るい可能性として「嬢様の琴の音を聞き乍ら死にたい」（11行目から12行目）と主張する（A）。この願望が正当であるように見えてしまうのは、「ねじれ」によって当初は自身に責任のない現状を正当化する主張であったのが、08行目以降から「葛藤を抱える私」という自己物語に転換してしまっているからである。10行目の「否」と11行目の「どうか、どうか」という表現もまた、自身が「葛藤を抱える私」であることを一層強調するものである。

この自己物語は「ねじれ」を抱えており、それが暴かれれば「メロドラマ物語」（d）のような展開へつながっていないことが明らかであり、実際には非常にもろい言語編成により成立している自己物語である。詳細に読み取っていくと、この「物語」の「ねじれ」あるいは「破綻」は明らかになるが、一見「物語」がうまく進行しているように見えてしまうほどに巧妙な記述の仕方がなされていると言える。そのことによって、この自己物語もまた〈資料4-1-1〉と同じく、あたかも「メロドラマ物語」(d)へと展開するかもしれないことを想起させるものとなっている。

4-2 〈多層構造的な語り〉による自己物語

4-1では、〈単一構造的な語り〉である自己物語について分析を行った。それに対してここでは、自己物語の中に他者の自己物語が内包されている「物語」、つまり、複数の「物語」からなる〈多層構造的な語り〉である自己物語を分析する。ここで分析の対象とする自己物語は、「物語」の中に「物語」が挿入されているものである。そこで一旦、そのような入れ子構造の中にある「物語」を「挿話[7]」と呼ぶこととし、この「物語」全体を「導入」「挿話」「結末」に分けて、それぞれの言語編成に注目しながら見ていく。

4-2-1 「挿話」と他者の自己物語の理解

次の〈資料4-2-1〉は、町役場に勤める投稿者によって日々の仕事が記述されている日記の一部である。01行目から04行目までは「導入」、05行目から23行目が「挿話」、23行目の最後から26行目が「結末」となっている。

まず「導入」では、その日の業務についての備忘録的な記録と「挿話」の主人公である行旅病人が来たことについて記述されている。そして、03行目にあるように、町長の発話により「挿話」の主人公である行旅病人が自身の「身の上」を話しはじめるきっかけを得たことが記されている。「挿話」は、その行旅病人が語ったとされる「物語」を投稿者が再現したものであるが、ここでは、その行旅病人が生まれてから現在までどのように生活してきたのかが語られたとされている。「結末」では、その行旅病人の語りについての感想とその後の対応について記されている。

「導入」の部分は、「挿話」の主人公が語りはじめるきっかけが記されているだけであるので、「挿話」についての分析から始める。

01 戸籍謄本請求一。土地異動通知書六。
02 巡査行旅病人を連れて来る。
03 町長さんは本人の身元を尋ねられた。
04 彼れは袖の雨を絞りつゝ話した。
05 私は本郡南五十澤大字中川新田の登山栄蔵と申す者で当年七拾五才です。幼い時
06 に両親に亡くなられて親族の手に育てられましたが‖、十三才の時に或る家へ子守
07 りに雇はれまして、或日五十澤川へ其児を投げて…………いゝ落しまして終い其
08 児が死んで仕舞ふたので‖、其児の親たちは非常に怒つてねー、己れを殺すと云ふか‖
09 ‖ら村を逃げ出して群馬県へ行きまして或る家へ奉公して、作仕事や何かつらい仕
10 事をやッて、五十八の年に一と先づ帰郷しましたが‖、私の親類はもう絶家して知つ
11 た人は一人もなく漸つと役場へ願ひまして村の端れい《ママ》貝殻の様な小いさい小家を
12 作つて貰ひまして、やッと其日〱を送つて居ましたが‖、六十の年に凶年で村には
13 居られませんで、又々群馬県へ出まして、金子駅へ出稼ぎをして居る唯一の甥を便

つて行きまして、其処へ一年も厄介になつて居ましたが、甥とても貧しい家業、さう〳〵厄介になつて居られませんので、私も奮発しまして飴屋になりまして、東海道から中国あの―それ備前の国辺迄も行商して居ましたが、途中此様に足が脚気になりましておまけに雙の眼が見えなくなり何とも仕方がないので甥に迎ひに来いッて手紙を遣りましたけれど、返事がないので仕方なしに乞食になりまして、金子駅迄来て見ましたら、甥は身に余る負債にもう今年の二月逃亡して仕舞ふて行方が不明で、それから方々尋ねて見たが遂にわからんので泣く〳〵痛い〳〵足を引きづり〳〵遙々中川新田へ尋ねて来ましたが一昨日でね――、親族と云ふ者は本家ばッかり、それも今の家内は私とは何んの関係もない更の他人、六日町の警察署へ行けと云ッて逐ひ出されまして此処迄来るに野宿が二晩と、見えぬ眼を飽く迄も見張り咳き入る様嘘とは見えぬ物語りであった。

それから村端れの木賃宿へ此病人の宿を頼んだが、遂に応じないので據なく役場の台所へ泊らせた。今宵の夕食は余が御馳走を送つた。そして煙草もやッた。

〔『ホトトギス』五（二） 町役場日記 明治三四年一一月三〇日〕

〔資料4-2-1〕

彼の語ったところによると、彼は幼い頃に両親に死に別れ、親族の手で育ち、職を転々としながら日本各地をまわり、そのうちに足を患ったうえ視力を失い、頼る宛もなくここに来ることになったという。

この〔資料4-2-1〕では、一重傍線が引かれているところを主要な時間軸として、人生上の転換点である複数の出来事が、具体的で詳細な時間的経過に沿って記述されている（B）。05行目の「私は本郡南五十澤大字中川新田の登山栄蔵と申す者で当年七拾五才です」という語りは、「物語」の始まりであり終わりでもある（A）。この一行は、「物語」が開始されることの宣言であり、また、「物語」が話されているまさにその時間に戻ってくることを示すものであると考えられる。言い換えるならば、「物語」が戻ってくる場所があらかじめ提示されているということである。

この「挿話」においては、「不幸」な境遇からはじまり、その後も「不幸」な境遇は続いていく。つまり、「物語」の始まりから終わりまで「不幸」な「身の上」であることには変わりはない。しかしながら、二重傍線で示した接続詞、とくに出来事と出来事とを因果連関のもとに結び付けている接続詞の前後の出来事を見ていくと、始まりの「不幸」の状態から徐々に——接続詞が使われる度に——その「不幸」の度合いが増していっているように見える。「不幸」が「幸福」に転換するような根本的な変化はないものの、「不幸」な状態からより「不幸」な状態へと結末——いまここ——へ向かっているのである。つまり、この「挿話」は「後退する物語」（c）のひとつであると言える。そのように後退していると考えるならば、始まりの「不幸」な状態は、実は、結果的には現在の「不幸」の状態よりはましであったと言える。

この「挿話」の編成は、「人間の行為及び（あるいは）人間の世界によって有意味となる状態や行為の時間連鎖を提示」（Prince 1982=1996: 170）するものである。また、因果関係によって前後の出来事を結びつける記述（D）は、その出来事が、その人物にとって有意味であるが故のことであると捉えられる（C）。ある出来事があり、そのために、その次の出来事へとつながるのである。「仕方がない」ので「手紙を送った」

（17‐18行目）というように、接続詞が使用される前の出来事が、その後の出来事や行為の正当性が成立するように編成されている。言い換えるならば、そういう行動をとらざるを得なかったことが結果的に示されているということである。そして、このような記述が繰り返し何度も使用されている。これにより、この人物がいまここにいることは、正当であるということが理解可能なものとして捉えられるようになっているのである。

そして「結末」の最後には、自身がこの「挿話」の主人公のために奔走し、手厚く対応したことが記されている。とくに、26行目の「そして煙草もやッた」という記述における「そして」という前の行為に重ねて行動したことを表す順接の接続詞と、「も」という付加の意味を含む助詞の使用から、その手厚さが一層強調されている。そのような手厚い対応が正当であるように見えるのは、この「挿話」の物語的展開がそれに値するように構成されているからである。つまり、「挿話」が「後退する物語」（c）のパターンであることは、その後の書き手自身の対応を正当化するためのものと言える。

この「後退する物語」は、当の登山栄蔵が語ったそのままのものではなく、この日記の筆者によって再現されたものであるとも考えられる日記中の「挿話」である。実際にどのようにこの「物語」が語られたのかは断定することはできないが、このような編成によって再現されているということは、この日記の筆者が、まさにそのようにこの者の人生を理解したと考えることができる。このことは、他者の人生についてまさに「物語」として理解していることを示している。実際に「結末」では、この「挿話」が「物語り」であるとはっきりと記されている（24行目）。しかも、目が見えないという「挿話」の主人公の現在の状況から考えると驚くほどのものだったのである。驚くという感想を抱き、また手厚い対応をしたという記述は、その者の自己物語を理解した上である種の共感を抱いたことをも示している。

このように、自己物語の中に他者の自己物語が入れ子になっている〈多層構造的な語り〉の言語編成は、〈単一構造的な語り〉による自己物語には見られなかった言語実践を含むものである。〈多層構造的な語り〉における言語編成は、自身についての記述ができることに加えて、他者についての記述も自身の場合と同様にできなくては成立しない。この〈多層構造的な語り〉による自己物語は、その両者ができることを前提としているのである。

繰り返しになるが、「挿話」は他者の自己物語の再現であり、それはこの日記の書き手が、まさにそのようにこの「挿話」の主人公の自己物語を理解したということである。そのように、他者の社会的な経験を理解する方法のひとつが「物語」という様式によるものであり、またその様式を共有できるからこそ共感を抱けるという、個人と個人の結びつきからなる「共同性」が生成されていると考えられるのではないだろうか。つまり、「物語」と「物語」の結びつきは、そのテキスト上で行われていることを起点として、社会的な水準における何らかの現象が起こっていることをも示しているというふうに考えられるということである。そして、それを可能にしているのは、「物語」という記述様式の実践であるのではないだろうか。この点については、次の〔資料4-2-2〕を分析した上で、第5節にて改めて論じよう。

4-2-2 「挿話」と溶け合う自己物語

次に分析する日記は、鋳物職人によって日々の仕事が記録されているもののひとつである。この日記によれば、この職人の仕事はあまりうまくいっていない。ここで取り上げる日以外における日記においても、経済的な問題や苦境について何度も記されている。この職人はある日、兼さんという元鋳物職人と出会い、ふとしたことから彼の身の上話を聞くことになる。以下の〔資料4-2-2〕は、その身の上話をしたとされる日の日記の一部である。この〔資料4-2-2〕も〔資料4-2-1〕と同様に「導入」（01行目から07行目）、「挿話」（07行目から25行目）、「結末」（25行目から38行目）に分けて分析を行う。

余は燈籠の中子をけづりながら、兼さんと色々の話をした、兼さんは余の仕事に熱心なのに非常に感心したそうで、今の若さに夜も寝ずにやるのに驚いた事から、余がいくら働いても借金がふえるばかりだと云答に就て、多くの資本を持てやらなければとても利益が有るといふ段にはならぬ事、佐野の何とかとふ鋳物師は二日置に五百貫つゝの銑鉄をおろす事、其度毎に二百円の純益が有る事から、兼さんは鋳物師はつく〴〵こりたから、自分の息子は跡を継がせずに、菓子職にした事から、計らず兼さんの身の上話を聞いた、兼さんは重《ママ》に出来合物を造つてゐたので、廿五六の時分には二階建の家を造つたり、三間に三間半の細工場を建てたりして、盛にやり初めたがどうも面白い結果が見えなかつたといふ、それがと云ふ物は、品物が、はけが悪くて原価よりもいつも引込んで売る始末で、とても思ふ様にはいかなかつた、尤もたまにはいゝ銭にも成る事が有つたが、いつも手間損で売る、それが重なり〳〵追々借財がふえるばかり、そこへ持て来て、或年の秋の大風に細工場をつぶされて、型や何かを沢山こはされて、非常な損害を被むつてから、其が不幸の手初めに、三四年の間に父か《ママ》死ぬ、母が死ぬ、其から間もなく兼さんが使つてゐた職工がにせがねを吹いて使つた為、嫌疑を受けて未決監[8]へ九ヶ月もたゝき込まれて、家のくらしの方は火の車に成つたとやら、出ると間もなく、或人の借金の証人に成つてゐた処から、借主か《ママ》返せないので、兼さんに掛つて来る、そうにもこうにも仕様が無くなつちまつたので有つたそうな、それからといふ物は、仕事をする張合いも抜けちまつて、ぶら〳〵やつてゐた処へ、古川の鉱山へ器械の修繕に這入る事になつて、先つ《ママ》一安心と思つて、三年ばかりゐる内に其の山もやめるので、兼さんも隙が出て、其からしばらく一人出稼に大宮へ来てゐたので有つたが、そこも思はしくないので、とう〳〵国の女房や子供と相談の上、色々の事情からこの東京へ出て来る事に成つたので有るとか、東京へ使つて来ては見たが、会社も二つことはられ、他の鋳物師でもこの不景気なのでことはられて、致方なしに安宿にとまつておでん屋を初めたそうな、尤もこの兼さんの世話をした人から、おでん屋をしてゐた事は聞いて、せめて食ふ丈けでもいゝから口のある迄といふ事で、此の間から来させてはゐるが、こう云ふ身の上を聞いて、同業者ではあるし、殊に五十に近い年輩に見受けるし、いかにも可愛想でたまらなくなつた、若し余が不足なく暮らせる身分で有つたらば、兼さんのすきな程いゝ手間を出すのであるが、去年の夏から秋へかけての大失敗につゞいて、妻にも子にも別れる始末、それに去年の暮の鋳損や何かで、三度の飯を一度にしても苦しい家計で有つて見れば、なか〳〵人処ではないので有る、嗚呼どこか兼さんを入れるいゝ口は無いかしらん、可愛想で有る、若し余がこれから先、こゝにも居られなくなつて、兼さん見た様に一人うろついてあるく様に成つたら、どうで有らふか、決して無いとも限らない、兼さんの身の上は決して兼さんの事と聞き流す事が出来ない、丁度余の未来記で有るかもしれんと思つて、思はず涙を落した、いつも涙ぐんでくしや〱していゐる兼さんの目元にも、涙がたまつて居たので‖、国にゐる女房や子のことでも考へてゐるのかしらん、と思ふと一層気の毒で有つた、

〔『ホトトギス』四（五） 鋳物日記 明治三四年二月二八日〕

〔資料4-2-2〕

まず、「導入」のうち01行目から06行目にかけて、日記の書き手（余）と兼さんは鋳物を商いすることの問題点を語り合ったことが記述されている。この語り合いによって、「同じ職業を経験した者同士」であり、また、「苦境にあえぐ者同士」というカテゴリーの同定が行われている。この「導入」における記述は、日記の書き手である余が、兼さんの身の上話を聞けるほどに——程度の差はあるものの——同じ境遇を味わっていることの確認にもなっている。そして、兼さんの息子を通した現在についての記述において、兼さんは「息子には跡を継がせ」なかったほどこの商いに「つく〲こり」ていることが表明されている（06行目）。これらについて会話したことは、兼さんがこれまでどのような経験をしたのかを話し出す契機となっている。

そして、「導入」の後は、兼さんのこれまでの人生という「挿話」に続いていく。兼さんの行動が時間的

経過に沿って（B）、出来事と出来事を因果関係によって結びつけられながら（D）、「後退する物語」（c）として編成されている。商売が軌道に乗っているよい状態から、徐々に転落していく。

そのような「後退する物語」（c）である「挿話」では、逆接の接続詞が多用されている。09行目「やり始めたが‖」、11行目「有つたが‖」、21行目「有つたが‖」、23行目「見たが‖」と、記述の中に繰り返し登場するのがそれである。逆接の接続詞は、それが使用されているその直後に物語的展開が起こることを想起させる。思いもよらないことが、あるいは反対に、想像通りのことが起こるかもしれないという期待を読者に持たせる効果があると考えられよう。どちらの場合であっても、そこに「根本的な変化」とそれに伴う何らかの結果を読み手に期待させる。つまり、この「挿話」において、逆接の接続詞は、その後に根本的な変化が起こるのかもしれないことを想起させる機能を果たしている。この「挿話」においては、「どちらが現実化しどちらが現実化しないのかに思いをめぐらしたり、何が起きうるのか、何が起きることになるのか、何が起きているのか、何が起きてしまったのかを見出す」（Prince 1982=1996: 178）ことへ読者を誘導するような編成になっているのである。このことは、書き手および読者にとって、どのような言語編成が出来事の有意味性を生み出すのかについて了解されていること、加えて、それをこのような工夫を用いた記述によって実践できることを示している。

そして「結末」では、兼さんの「身の上」へ共感し同情を抱いていることが記述されている。しかしながら、これは単なる共感と同情ではない。28行目から29行目の「もし～で有つたならば」という仮定法に注目すると、その後に続く記述からもわかるように、この表現は「自分がめんどうを見られればよいが、それができない」ことを表明していることが明らかである。この「できない」ことは、直接的には記述されておらず、その理由についての説明が列挙されている。仮定法の使用によって強く同情していることを示しつつも、現実には自分は兼さんを助けることができないことを暗に正当化しているのである。そして、そのような自身の状況の正当化の後に「嗚呼」（32行目）という感嘆詞が用いられている。これは同情のさらなる強調であるが、一方で、この直前に自分では対応できないことが述べられているので、この記述を「同情している」という元の文脈へ引き戻す（修復[9]する）機能を果たしている。自分ではできないと言いながら、それでも同情していることには変わりないという、この後に続く記述へ文脈をつなげていくための修復である。

さらに、仮定法はこの箇所だけでなく32行目から34行目にかけても使用されている。ここでは、兼さん――兼さんの自己物語――に自分を重ねることで、自分の行き先の不安を表明しているように見える。これは、兼さんだけでなく自分も同情に値する存在であるということの主張であると考えられる。なぜなら、この直後に「決して」（34行目）という強調を表す副詞が使用されているからである。「決して」他人ごととは思われない、自分ももしかしたら、ということを訴えている。そして、この仮定法は別の機能も果たしている。それは、兼さんと自分は違うということ、つまり、同じカテゴリー内での差異の構築である。兼さんには同情するし、自分もまた同情に値する存在であり、その意味において兼さんと自分は同じカテゴリーに属するが、それでも兼さんと自分は違うという差異が構築されている。

そして、最終的に兼さんに同情しお互いに涙を流す（34行目から38行目）。この自己物語は、他者のそれがその内部に溶け込むことによって成立している。同情という感情が抱かれたことが記述可能になっているのは、自身の「物語」と他者のそれがまるで「未来記」（35行目）に感じられるほどに重なりをもっていると捉えられているからである。ここに、日記の書き手と「挿話」の主人公の間に「物語」を共有可能であるという「共同性」が立ち上がっていることが確認できよう。いわば、「物語」を介して――差異はあるものの――同じ現実を生きるもの同士としての、自己と他者との結びつきが構築されているのである。このことは、「物語」が自己と他者とを、あるいはその関係性を理解する助けとなっていること、そして、まさにそのような理解の方法によって「共同性」が立ち上がることを示している。これは、〔資料4-2-1〕の分析からも考えられたことである。「物語」という記述様式の実践によって、自己と他者とを同じ地平を生きる存在として可視化しながら理解していると考えられるのである。

5 「物語」という様式と「共同性」の生成

本章では、日記に現れる自己物語について、その言語編成を分析することを通じて、そこには特有の物語性やパターン（あるいはそれらの組み合わせ）があり、それらが記述に組み込まれることによって、自身の「物語」を構築することが可能になっていたことが明らかになった。以下では、これまでの議論を振り返りつつ、そのことの含意について考察を行う。

まず、〈単一構造的な語り〉による自己物語では、「トラブルを抱える私」に関する記述を取り上げた。そこでは、トラブルを抱えているという暗い状況について、意味づけを明るい方向へ転換したり願望を抱きうる正当性を主張したりすることを「物語」の結末（収束ポイント）とすることによって、その「物語」があたかも「メロドラマ物語」（d）的な展開を想起させるような記述になっていた。「メロドラマ物語」（d）は、「物語」の中における曲折が欠くことのできない要素であるが、その曲折がこのような言語編成として現れるのである。

一方、〈多層構造的な語り〉による自己物語では、他者の自己物語を利用することを通じて自己を提示するものであった。その中でも「挿話」を中心とした分析からは、日記の書き手が、その「挿話」の主人公の自己物語を「物語」の様式に則って理解していることが明らかになった。そして、そのように理解できるからこそ共感や同情といった感情を抱くことが正当であるという記述が可能になっていると考えられた。とくに、他者の来し方に自身の「身の上」を重ねて捉える記述においては、他者と自身の「物語」が溶け込むような言語編成になっていた。自己物語が溶け合うとき、それまでには日記において単なる書く者と書かれる者という関係であったのが、あたかもそれ以上の結びつきによって成り立っている関係性があるかのように見えた。「物語」という記述と理解の様式を通して、自己と他者との結びつきがまるで鮮明に目に見えるもののように現れるのである。

そして、そのように可視化することが可能になることにより、互いが同じ地平にいることが確認される。この場合、同じ地平にいるとは、すなわち、同じ「社会」を生きているということでもあるだろう。このような感覚を醸成するものは、「物語」という「経験」の様式の実践である。この実践を通して、人びとはそれぞれの「物語」を理解し、目に見えるもののようにそれらを表象し、互いの存在を確かなものとして認知することが可能になる。

ここで、第2章でも触れた井上（2000）の議論に立ち戻る必要があるだろう。井上は、人生がまさに物語であることを指摘した上で、以下のように述べる。

私たちは、自分の人生をも、他者の人生をも、物語として理解し、構成し、意味づけ、自分自身と他者たちとにその物語を語る、あるいは語りながら理解し、構成し、意味づけていく——そのようにして構築され語られる物語こそが私たちの人生にほかならない。この意味で、私たちの人生は一種のディスコースであり、ディスコースとして内的および社会的なコミュニケーションの過程を往来し、そのなかで確認され、あるいは変容され、あるいは再構成されていくのである（井上 2000: 163）

この指摘は、これまで本章で述べてきたことと重なるものである。これまでの分析で示されていたように、自己がまさに「物語」であるという視点に立つことによって、自己の「経験」も他者の「経験」も同じように「（人生の）経験」として理解が可能になっている。「物語化することとは、われわれが生活の基本的な状態として受け止めている日常性を背景に、その出来事を理解可能なものにすることである」（Bruner 1990=1999: 135）。自己と他者とが、出来事を中心としたそれぞれの「経験」について、共通の認識枠組みとして、「物語」の様式を利用可能であることを確認する行為が、自己物語を記述することを通じて行われているのである。

そのような共通の様式を通した理解によって、互いが同じ「社会」を生きる存在として可視化される。そして、そのように個々人の存在と営みが可視化されることによって、自分たちが生きている「社会」がまぎれもなく同じ領域であることを認知することが可能になり、そこに「共同性」が立ち上がる。つまり自身についての——あるいは、ときには他者についても——「物語」という様式での記述が、それを実践する人びとの間において「共同性」を生成することにつながっているということを示しているのである。

個々別々に生活を送る諸個人が、それぞれの「物語」の個別性を維持しつつも、この実践によって結びつけられているのである。人びとは、それぞれに「物語」を生きており、かつ、そのような存在として認知される。そして、「物語」は、それを共有する共同体に人びとを引き入れる、という機能を果たしているのである。

注

1 「日記」とタイトルのつく投稿は、第五巻四号以降も掲載されているが、「週間日記」ではなく「一日記事」であり、一日の間のことが記述されているものである。

2 〔資料4-1-1〕は子規によるものであるが、これと同様の編成が〔資料4-1-2〕においても見られる。このことから、自己について記述する様式は、ある特定の人びとに限って使用可能なものではなく、広く利用されるものであると言える。

3 第2章で参照したラボフとウォレツキーの研究においても、ナラティヴが「導入」から始まり「終結」で閉じると考察されていたことを思い起こされたい（Labov and Waletzky 1967）。

4 読み手の欲求を満たすことへの注目は、別のところでも言及されている。「ある種の葛藤を内含し、個別特定的な明確な諸事象から成り、且つ人間の営為及び人間の世界によって有意味となるような時間的な方位の与えられた全体を再現表象することによって当該テクストが受け手の欲求をどの程度満たすかに、テクストの物語性は依拠しているのである」（Prince 1982=1996: 185）。この言及においても、受け手の欲求を満たすことができるかどうかが、そのテキストの物語性に依拠していることが示されている。受け手の欲求を満たすかどうかに関する記述だけでなく、ここでも葛藤や時間、有意味化にも言及していることから、物語性に関するプリンスの言及の年代を鑑みると、先述の物語性の定義はこの言及から派生していると考えられるだろう。

5　3-1において確認された物語性のひとつに「受け手」への視点に関する言及があったことを思い起こされたい。

6　行番号と傍線部は筆者による。一重傍線は時間に関する記述、二重傍線は接続詞である。旧字体は新字体に改めてある。以下も同様である。

7　ガーゲンらは、このように「物語」の中にある「物語」を nested narratives あるいは narratives within narratives と呼んでいる（Gergen and Gergen 1997: 171）。

8　現在でいう、拘置所または警察の留置施設を指していると思われる。

9　「修復」とは、「訂正」とも言うことができる。しかしながら、会話分析においては「訂正」という言葉よりも「修復」という言葉の方が、より広い現象を捉えられるために後者の言葉を通常用いる。例えば、「訂正」には「言い間違い」や「言葉探し」といった事例を挙げることができるが、それ以外にも類似した現象が見られるため、「修復」という言葉が使用されるのである（Schegloff, Jefferson and Sacks 1977 = 2010: 157-165）。ここでもその用例に習い、「修復」という言葉を用いる。

第5章　女性と「不幸の共同体」

1　本章の目的

第3章では、回答という応答があることが前提とされている紙誌上の「身の上相談」の分析を行った。一方、第4章では、そもそも他者から応答があることが前提とされていない雑誌上の日記について分析を行った。本章でも、第4章と同様に応答があることが前提とされていないテキストのひとつである、雑誌上の投書の分析を行う。ここで応答の有無を指摘するのは、本章がそれらを分析する理由のひとつでもあるのだが、これから取り上げる投書は、明確な応答を求めるような言語編成になっていないにもかかわらず結果的に応答がなされ、かつ、それらがつながっていくという、これまでには確認されなかった現象が見られるためである。

本章では「不幸」について記述された投書を分析の対象とするが、悩み語りという点では紙誌上の「身の上相談」（の問い）と類似している。しかしながら、ここで見られる現象は、投書を通じた語り合いによって現実の出来事が変化するわけではないにもかかわらず——それは「身の上相談」においても考えられるが——、それらは彼女たち自身の言葉に導かれるようにして受容されていくことを示すものである。この現象は、言葉とその運用——定式化された自己物語記述様式の運用——がある種の力をもつということを意味するものとして捉えられる。彼女たちは、自身らの言語実践により「不幸」を受け入れる——それはもしかしたら乗り越えるという意味であるかもしれない——。

このように、本章では、明治時代後期において女性たちがどのようにして「不幸」を受け入れていたのかについて考えていくこととなる。明治時代後期、日清・日露戦争を経たとはいえ、社会変動期において人びとの多くは貧しさと困難の中にあった。そのような中で、女性たちは、雑誌上での投書のやりとりを通じて「不幸」を語り合っていた。そのように、困難な状況下で互いに「不幸」を語り合うことは大きな意味をもっていたと思われる。なぜなら、彼女たちはそれぞれの「不幸」についての語り合いを通じて「自分だけが『不幸』なのではない」ことを確認し、自身の「不幸」を受け入れていたと考えられるからである。「自分だけではない」ということの可視化は、前章（第4章）の議論から導かれた観点とも重なるものである。

そこで、本章においては、女性雑誌の投書という、当時の女性たちの声を手掛かりにして、明治後期における彼女たちの「不幸」を受け入れる言語実践を資料にもとづいて明らかにし、それを通じて前章（第4章）で見出しえた「共同性」の生成のその後の展開を考えていく。

例えば、当時の女性たちには、「良妻賢母」（小山 1991）というロールモデルがあった。それに対して、当時の男性たちにとっては「立身出世」（竹内 2005）を代表とするように、個人をアイデンティファイするモデルストーリーがあった。しかしながら、「不幸」な状況下にある人びとにとっては、「立身出世」を目標としたり、「良妻賢母」にならったりすることは困難であり、ましてやそれらを実現することは不可能に近かっただろう。

何かしらのモデルストーリーやロールモデルにコミットできていた人びとの周辺で、そのように、それらを利用することもできなかった人びとが、どのようにして社会あるいは他者とのつながりを想像していたのか、ということはこれまであまり論じられていない。本章は、そのようなつながり――ある種の連帯――からはみだしていたと思われるかもしれない人びとを捉えようとするものでもある。

分析の対象とする投書のやりとりでは、「不幸の比較」が行われている。本章では、その「不幸の比較」という行為に着目する。先行する投書で、投書者自身の不幸が語られる。それに後続する投書では、先行する投書より「不幸」であることが語られる。まさに不幸自慢が行われているように見えるのである。

しかしながら、「不幸の比較」が言語実践上で実際に確認できる行為であるとはいえ、「不幸」とは原理的には比較不可能なもののはずである。なぜなら、自身が「不幸」であると感じてそれを語れば「不幸」である、というように考えられるからである。例えば、家族の死と経済的な困窮、あるいは病などは、個々別々に生じている「不幸」であって、それらを客観的に比較することのできるものさしはないはずである。にもかかわらず、結果的には「不幸の比較」は可能になっているように見える。では、その「不幸の比較」はどのようにして可能になっているのであろうか。そして、それは何を意味しているのだろうか。

ここからは、まず分析の対象と方法を提示したあと資料の分析に入っていく。本章で分析する投書も、〈物語的な語り〉として捉えられるものである。分析においては、投書は〈不幸を並列化する語り〉と〈不幸を序列化する語り〉のふたつに分類されるが、まずそれぞれの特徴を確認し、それらが「接続」していく過程を見ていく。そして、それらの語りの「接続」の終了を見る。また、「不幸」を受け入れる形式にはある特定のパターンがあることを指摘し、当時の制度と「不幸」についての語りとの関係について考察する。最後に、「不幸」を語ることを可能にした状況に触れ、その上で、「不幸」に関する語りの「接続」が果たした機能について論じる。

2 分析の対象と方法

本節では、まず、これまでの投書研究の概略から、本章のとる分析方法との相違点について確認する。その上で、本章が分析の対象とする女性雑誌をめぐる状況を概観し、本章における分析の視点と方法について提示する。

2-1 これまでの投書研究

投書に関する研究では、明治時代におけるそれを分析したものがあるが、それらはマス・メディア研究の領域で主に行われてきた。以下では、その代表的な研究について概観する。

山本武利（1981）は、明治時代の新聞投書を初期・中期・後期にわけてその特徴を論じている。初期においては、投書家と記者の立場の差異がそれほどなく、また、記者と読者のあいだの断絶がなかったことが特徴として挙げられている（山本 1981: 355）。それに対して中期においては、新聞社が報道活動に力を入れるようになったことも手伝って、投書の掲載されるスペースは減少し、それに伴って投書意欲も削がれることになった（山本 1981: 358）。しかしながら、後期になるとその状況は一変した。ハガキ投書のブームの到来である。初期における投書は一部のエリート層によるものだったが、この頃の投書は幅広い層の人びとによってなされた。小作農民や女工といった下層の人びとによる投書も見られるようになり、さらには彼ら／彼女らによって、自らの労働環境についての意見が述べられるようにもなった。しかしながら、このブームはそう長続きはせず、また報道中心の時代になっていった（山本 1981: 362）。以上のように山本の分析は、投書者が誰であるのか、当時の時代状況がどういったものであったのか、に中心が置かれており、投書自体の内容に詳しく言及されていない。

また、土屋礼子（2002）は、山本（1981）の研究を参照しながら、小新聞における投書を分析することで当時における投書の役割とそれにより形成されるコミュニケーション空間について論じている。そこでは、『読売新聞』『東京絵入新聞』『仮名読新聞』の創刊から明治一三年までの投書が分析されている。当時の投書の役割は、取材の補完や情報提供といった側面が大きかった。土屋の分析では、投書の内容よりも掲載件数や投書者の社会階層、地域傾向などが中心となっている。一方で、明治中期頃までは新聞は音読することが一般的であり、小新聞も当然「声」（音声）を前提とした媒体であったため、投書も「音の世界と文字の世界の連続性」（土屋 2002: 125）の中にあり、その意味では投書は文字の世界だけに閉じられたものでなかったことが指摘されている。

以上のような代表的な投書研究においては、投書の内容を分析するということについてほとんど関心が払われていないと言える。それは、投書の内容ではなく、それを掲載している新聞というマス・メディアの機能が問題であると捉えられていたからであろう。だからこそ、投書の内容よりもその行為自体が、当時の社会において役割が大きくなりつつあったマス・メディアの中で、どのように展開されていたのかに焦点化されていると考えられる。

そのように（新聞紙上の）投書（という行為）は扱われてきたが、本章では、このような研究とは異なり、第3章および第4章と同様に言語編成を分析していく。その上で、これまでの研究で見出されたものとはまた別の、投書が果たしている機能について考察を行う。その機能とは、おそらく、前章（第4章）で確認された「共同性」の可視化のその後の展開を示すものとなるであろう。

2-2　分析の対象

まず、分析の対象を概観する。そのために、これから取り上げる投書が書かれていた時代背景を簡単に確認しておく。前近代社会——江戸——では、ムラや藩を越えるような横断的コミュニケーションは厳しく禁じられていた。明治初期では、民権運動に参加することもできず、宗教的燃え上がりもない大部分の人びとは、貧困などの問題に対して、すべての責任を自らの努力の不足とみなす意識を深化・拡大させていた（吉原 1985）。この時点では、人びとが投書を通じて相互につながるということは見られなかった[1]。その後、交通網の発達や教育制度の拡充などによりコミュニケーションの状況が変化した（第1章）。活字文化の浸透は、それまで語ることのなかった人びとが語ることを可能にし、マス・メディアを利用して人びとは他者とつながるようになった。これから分析していく資料は、日露戦争後に書かれた投書であるが、これらはそのような状況を受けて現象と化した第二次投書ブーム[2]の頃に書かれたものである。日露戦争後、資本主義の発達に伴って、都市部への人口流入と新中間層の誕生が起こり、それらを背景にして新たな生活上の知識を提供する雑誌が数多く出版され読者が広がっていった（日本近代文学館編 1982: 127-30）。

これらのようなマス・メディア空間へ直接参加できるかどうかの条件として、最低限のリテラシーを身に着けているかどうかが問題となるであろう。第1章でも言及したが、義務教育の就学率は、明治三三（一九〇〇）年には男女平均して八〇％を超えており、そのうち女学生は、明治三三（一九〇〇）年では一万、明治三八（一九〇五）年には三万を突破している（岡 1981: 29）。明治後期から大正時代にかけての数々の女性向け雑誌の創刊は、女子教育の普及が背景としてあったことが可能にしていたと言えるだろう。この出版文化の興隆についても、第1章で確認したが、その中でも本章では『家庭之友』と『婦人世界』の二つを分析の対象とする[3]。以下では、これらの雑誌の当時の状況および評価を参照する。

まず『家庭之友』は、「数多く出された家庭誌の中にあって、中心的な役割をもった模範の家庭誌」（浜崎 2004: 194）である。この雑誌は、先に見たような知識を提供するもののひとつであったが、その読者層は主婦層だけではなく広く青年男女層に及んでいたとされる（日本近代文学館編 1982: 129）。発行部数は不明であるが、その中にある「読者消息」という投書欄を取り上げる。

また、『婦人世界』は、「いうまでもなく明治―大正―昭和と三大にわたって二七年五か月も生き続けた女性誌の優等生」（浜崎 2004: 161）と言われる。この雑誌は、新たに世帯を預かることとなった主婦たちによって支持されており、創刊時（明治三九年）の総刷部数は約二三万六五〇〇部であったという記録がある（実業之日本社社史編纂委員会編 1997: 33-4)。この雑誌に掲載されている「通信」という投書欄を取り上げ、とくに「身の上話」というタイトルの連載に注目したい。

以上のふたつの雑誌を取り上げるが、その理由は遡及的ではあるが、このふたつの雑誌で「不幸」について記述された投書のやり取りが確認できたためである。その他の雑誌、『女鑑』、『少女界』、『少女画報』、『女学世界』、『女子之友』、『女子文芸』、『女子文壇』、『新家庭』、『なでしこ』、『婦女雑誌』、『婦人くらぶ』、『婦人之友』、『ムラサキ』、『をんな』(『なでしこ』の改題)と確認を行ったが、同じような「不幸」について記述された投書のやり取りは発見されなかった。中には投書のやり取り自体は行われているものがあったが、それは現在で言う「文通」を行いたいといった趣旨のものであった。にもかかわらず、女性たちによって記述された「不幸」についての投書を分析の対象とする理由は、本章が民衆史の発想を一部取り入れているためでもある。

2-3 分析の視点

民衆史は、日本では歴史学の中で第二次世界大戦後に展開されてきた領域のひとつである。色川大吉は、それまでの歴史学が、支配層の視点から取り組まれてきたことに触れながら、民衆の歴史が「価値の低いものとして切り捨てられてきた」(色川 [1977] 1991: 14) ことを批判的に回想している。そして、民衆という生活者の水準から歴史を見ることを提案する。

さらに、色川は、これからの女性史には新たな視点が必要であると述べている。それまでの女性史は、革新的な活動を行ってきたエリートに注目してきた。もちろん、そのような歴史の叙述のあり方も重要である。

しかしながら、色川はエリートが稀な存在であり、日本で多数を占めていた非エリートの女性の考えを代表していないと指摘し、近代女性史を書き直す必要性を訴えている。

このように女性史の書き直しを色川は提案しているが、その書き始めにあたっては、大正時代が起点に置かれている（色川［1977］1991: 188）。本章でも、色川が提案した、生活者の水準に視点を置くという発想と同様の立場を取る。しかしながら、本章と色川との違いは、色川が描こうとした大正時代より以前の時代――明治後期――の資料を読み解きながら分析・考察を行う点である。

日本における「近代化」をめぐる論考において、女性向け雑誌を分析する場合、雑誌の創刊および読者の拡大が活発であった大正初期が注目されてきた[4]。大正初期は、新中間層が大きな広がりを見せ、さらには、その層の生活問題が個々の家族が対応すべきものから政治的な課題へと移行していったという背景がある（小山 1999）。その劇的な変化が起こる直前の明治後期を射程として据えることで、それらの問題が歴史的にどのような背景から浮上してきたのかを考えることも可能になるだろう。

このように、民衆史の視点を取る利点を本章でも引き継ぐこととなるが、ここからは本章における分析の方法について述べたい。

2-4 分析の方法

「不幸」を研究した代表例として見田宗介（［1965］2012）の「不幸の諸類型」を挙げることができる。そこでは、新聞に掲載された「身の上相談」の内容から当時の社会の「不幸」の根源を探る試みがなされている[5]。それに対して、本章は「不幸」がどのようにして語られ、さらに他者の「不幸」とつながっていくのかを分析し、その「不幸」を介したつながりについて考察する試みである。その「不幸」を介したつながりを可能としたものとして、「接続」という概念から考えていく。「接続」とは、一次的には、先行する投書に応答がなされることで、先行する投書と後続する投書とがつながっていくことを指す。

そして、本章での分析の対象である投書に現れる語りも、これまで見てきた〈物語的な語り〉のひとつの展開を示すものとして捉える。つまり、これらの投書も「物語」の様式をもつもの——自己物語——として扱う。そのように、投書を「物語」として扱うことによって、その語り自体がある特定の現実——「不幸」——を作り出しながら、それらが「接続」していく現象の意味について考えることが可能になる。

本章の分析の方法は、第2章で詳しく論じた構造的ナラティヴ分析の応用として位置づけられる。ナラティヴ分析には、ナラティヴの何に焦点を置くかによっていくつかのスタイルがあるが[6]、ここで構造的ナラティヴ分析を行うのは、語りの内容に関心を向けながらも、その「様式に着目することで、言葉の指し示す意味だけから学べる以上の洞察を加えることができる」(Riessman 2008=2014: 149)からである。

このように、本章において、構造的ナラティヴ分析を援用することがもっとも適していると考えられるのは、言語編成の中に見られる言葉と言葉遣いが、それそのものの意味だけではないものを示しているためである。なぜなら、「物語」とは「人びとの思考や行為のみならず自己の構築においても重要な働きを行っている」(Mattingly 1998: xi)と考えることができるからである[7]。

これまで見てきたように、私たちは「物語」を介して「自己」を表象——構築——することによって他者や社会とのつながりを維持しており[8]、その意味では、「物語」は、文字が表面的に示す意味以上の働きを担っている。本章では、この働きの新たな局面について論じることになる。

さて、次に、分析においてとくに注目する点の詳細を先に説明しておきたい。それは、投書の中で使用される接続詞と程度を表す副詞の役割である。接続詞に注目するのは、これまでの分析においても示されていたように、接続詞が言語編成において大きな意味をもつからである。自身の「物語」が他者の「物語」と「接続」する語り方の特徴が、接続詞の使用される場所から明らかになる。また、程度を表す副詞に注目するのは、ある特定の副詞が文中の出来事を強調する働きを担っているからである[9]。

とくに、「ばかり」や「少しも」といった通常の副詞と、「実に実に」といった畳語副詞のふたつの副詞の使用に着目する。同一の単語の繰り返しからなる複合語のことを畳語と言い、その畳語の中でも副詞の働きをするものを畳語副詞と呼ぶ[10]。このような副詞および畳語副詞の使用のなされ方を中心にして、語りの中で力点が置かれているものが何なのかを見ていく。なぜなら、例えば、それが出来事であるとして、それを修飾する副詞が巧みに使用されることで、その出来事は単なる出来事ではなく、それ以上の意味をもつもののように立ち上がってくると考えられるからである。

3　「不幸」についての記述

以下ではまず、投書のやりとりは、それぞれの「不幸」を起点として「接続」されながら可能になっていることを確認する。先行する投書における出来事の意味づけは、後続する投書の「接続」のあり方によって当初の意味から変化していくこと、出来事の意味づけの変容は、その「不幸」を受け入れることと密接に関係していること、また、語りの「接続」は延々と続くわけではなく終わりがあること、「接続」を可能にする語りの言語編成にも、終了させる言語編成にも特徴があることも確認する。

これから分析する投書は、その言語編成から〈不幸を並列化する語り〉と〈不幸を序列化する語り〉に分けることができるが、このふたつの語りは、結果的に果たす機能については同様であることが指摘できる。この機能については後述する。

3-1 〈不幸を並列化する語り〉

はじめに、『家庭之友』での語りの「接続」を分析する。とくに、ここでは先行する投書に対する同情的態度の提示が強調されている語り――〈不幸を並列化する語り〉――を見ていく。

この一連の語りの「接続」がはじまる最初の投書は、「傷める家庭」というタイトルが付されている。この「傷める家庭」の最初の投稿では、ある男性が肺結核にかかっており、転地療養し具合がよくなってきた頃に今度は妻が同じ病にかかってしまい、子どもたちを老母や乳母に預けざるを得なくなった状況が細かく記述されている。そして、その後はこの家庭の状況がほぼ毎号近況報告のようなかたちで掲載されている。この投書の三か月前に投書の中に登場する投書者の妻の投書が掲載されたのが、そもそもこのやり取りが起こるきっかけとなっている。少し長くなるが、夫の投書である「傷める家庭」は以下のようなものである[11]。

01 傷める家庭

02 記者足下。

私は家庭之友初号よりの愛読者なる一人の婦人（前々号病中の楽天地の寄稿者）の夫であります。私が女子教育及び家庭教育に興味をもつ様になりましたに就ては、家庭之友は興つて大に力があつたのであります。私共はある愛読者の申されたやうに、あなた方に対しては親類若しくはそれ以上の親しき感じをもつてゐるもので御座います。それ故今筆をとつて私の家庭のいたましき有様をお知らせするのであります。／私は中国の某師範の教師でありました。さうして「病中の楽天地」にある如く昨夏肺尖加答児[12]に罹り、医師の勧めではなく、自ら思ひ立つて妻の郷里なるこの海辺に転地をしたのであります。初めは自分の身体に充分の望をもつて、唯この楽天地を喜び暮して居りましたが、意外にも病勢は進む一方で、遂に喀血する様になりました。而してこの地■[13]に長崎の名医の診察によつて、私の病気は早くより肺結核になつてゐることが知れました。段々に質して見ると、前に居た所の医師も、実はその事を承知して居りながら、何故か看護人たる妻にも、また学校の校長にも知らせなかつたのであるといふことが分かりました。そのため家を挙げての転地は自分ながら余程の勇断の積りで、気を揉まずにゐても程なく全癒することゝ信じ、消毒などさまでの注意をしなかつたのであります。とくに肺結核になつてゐるのだといふ宣言をうけまして、一時は落胆いたしましたが、兎に角勇気をふるひ起して、厳重な摂生を致しました所、不思議にも近頃は実に工合よく、自分も全快を信ずる様になりました。然るに意外、天よりの打撃が青天の霹靂のやうに、私共の上にくだりました。それは突然妻が喀血したことです。そうして以来引続き発熱して起きることが出来ないのです。医師は慥に自分の病気の伝染したのだと申しました。私は自分のことは打ち忘れ、妻の看護と子供の世話に力を尽して居りましたけれど、病人が病人の世話をするのは、双方のためによくもなく、また互につらくもありますので、妻だけは入院させたいと思ひますが、金がなくて出来ないのです。親類の人々は見るに見かねて何とかなるであらうから是非にと云つてくれるので、嬉しいやら悲しいやら、我にもあらずとり乱したる感情の中より、兎に角入院させました。御承知の通り私には二人の子供があります。そしてその一人は乳呑児なのです。第一に困つたのがその所置です。どうにもかうにもならぬので、故郷に居る私の老母を呼び寄せ、数日はミルクで育てゝゐる中、妻の姉が一生懸命に探しまわつて適当の乳母を見出してくれましたので、悲しい中にも喜びました。向ふは貧家で乳飲子を探してゐた所であつたさうです。私はわが子を漁村の貧家で育てゝ貰ふのを大層嬉しく思ふのであります。その後私共は老母と長女との三人暮らしになりました。私は幸に此頃起居も自由になり、身のまわりのことは自分で出来ますので、どうにか凌いで行くことが出来ます。実に病と貧と子供に対する悩みとか、一時にわが頭上に落下いたしましたので、平生は余程平静な心を持つてゐる積りでありましたけれど、死にはしまいかと思ふほど苦しいこともありました。併し耐えきれぬ苦しみは与えらるゝものではない、天はどこにか免るゝ道を備て下さると聞きますので辛く自ら慰め、またこの苦痛を味はねば人生の真相は分らない、真に最上の学問であると一生懸命耐え忍ぶ積りです。泣きたきことも度々ありました。併し、その涙によつて人生の真なるものが購はるゝのでありませう。秩序もなきつまらぬことを長くかきました。これもあなたをわが師とも友とも思ふからであります。許して下さい。（肥前大村より）

〔『家庭之友』明治四〇年八月三日　五（五）〕

〔資料5-3-1-1〕

この〔資料5-3-1-1〕では、一家を襲ったさまざまの災難とも呼ぶべき事柄が記述されている。「長くかきました」（42行目）と投書者も述べているが、この長さでなければおそらく書き記すことはできなかったのではないかと思わせる内容である。そして、この「長文」は読者の中に反応を示すものを登場させる。

この〔資料5-3-1-1〕に対する応答は、三件掲載されている。以下は、そのうちのひとつである。ここでは、「傷める家庭」の投書者に対する同情の言葉が繰り返し記されている。

読者消息に御掲載になりました傷める家庭、涙と共に拝見致しました。御心中実に〱御察し申します。私共でも数年前愛児を失ひまして、まだ其涙さへ乾かぬ同じ年の暮に、良人は突如喀血致しました。其時の驚きと悲しみは今思い出してもつらう御座います。／一月ばかり自宅にて静養の上、海浜に天地して半年ほど療養致しました。それから満五年、職業上かなり多忙に暮して居りますが、時折に寒冒などにかゝりて発熱する事はありますけれど、其為めに病勢のすゝむ事もなく追々壮健になつて参ります。／始終海岸で暮らす訳にも参りませぬ故、暇ある毎に当地へ参り休養致して居ります。／知人の中にて発病後廿余年になると申す方二三人ありますが、何れも一寸見ても分らぬほど肉付もよく壮健になつて居られます。何よりも〳〵御養生が大切と存じます。／凡てを神様にお任せになつて、お心のどかに御養生遊ばしたなら、必ず早くお治りになる事と存じます。何卒〳〵御大事に遊ばして下さいませ。猶々私は以上の事が動機となつて只今では弱いながらも信仰を持て、平和に暮す事の出来るやうになりました。御二方様の御全快を遥に祈て居ります。（大磯より）

〔『家庭之友』明治四一年一〇月三日　五（七）〕

〔資料5-3-1-2〕

この〔資料5-3-1-2〕では、「実に〳〵」（01行目から02行目）「何よりも〳〵」（10行目）「何卒〳〵」（11行目）といった畳語副詞が目立つ。これらを用いることで、同情的態度が強調して提示されている。これらの畳語副詞が使用されているところは、先行する投書（〔資料5-3-1-1〕）の投書者に対する同情が語られている部分である。愛児の死と夫の喀血という自身の置かれた「不幸」が語られてはいるが、その部分には畳語副詞は用いられていない。この〔資料5-3-1-2〕で畳語副詞が用いられているところは、投書者への同情が記されている部分に限られている。このことから、この〔資料5-3-1-2〕での強調点は同情的態度を示すことであるように見える。

その一方で、02行目「まだ其涙さへ乾かぬ」の「まだ」と「さえ」という副詞によって、子どもの死がいかに受け入れがたいものであったのかが表現されている。さらに、03行目の「突如」という副詞によって、子どもの死に加えて見舞われた、夫の病〔先行する投書者と同じ病〕という状況も強く印象づけている。

つまり、この〔資料5-3-1-2〕では自身の「不幸」を語りながら同情的態度を示すことが行われているのである。むしろ、自身の「不幸」について語ることが、先行する投書に対して同情を示せることの正当性を保証している。したがって、自身の「不幸」について語ることは、他者の不幸に対して同情することができる資格があるということを示していると考えられる。

さらに、この〔資料5-3-1-2〕の場合、同情的態度を示すだけではなく、「家族の死」「病」という「不幸」を接続点にして「物語」が展開されている。単に同情的態度を提示するのではなく、「家族の死」「病」という出来事を重ねることを通じて、語りの「接続」が可能になっているのである。

加えて注目すべきは、02行目の「私共でも」の「でも」である。「も」という助詞は、先行する投書〔〈資料5-3-1-1〉〕とこの投書〔資料5-3-1-2〕がある特定の現実〔「不幸」〕を共有するもの同士であると認識していることを示している。このことから、他者と自身がつながりをもつものとして想像されていることが確認できる。

以上から、〈不幸を並列化する語り〉とは、自身の「不幸」を語りながら、他者の「不幸」に同情する正当性があることを示す言語編成からなる語りであると言える。

そして、この〔資料5-3-1-2〕という応答によって、先行する投書〔資料5-3-1-1〕で語られている「不幸」が同情されるに値する状況として、遡及的にではあるが、肯定されていると言える。「同情」というつながり方は、互いに「不幸」を受け入れるためのひとつの実践であることを指摘できる。

3-2 「不幸」の比較

3-2-1 〈不幸を序列化する語り〉

次に取り上げる投書は、「不幸」の比較が行われているように見える語り――〈不幸を序列化する語り〉――のはじまりの「物語」である。

記者様、今年こそは久し振りに兄も帰って来て（兄はまだ私等が皆郷里に居る時分福知山の二十聯隊へ下士候補生を志願して、漸く昨年十二月に満期となって帰つたのです）楽しいお祝を致さうと思つて居ましたのに、可愛い妹は楽しんで待つて居た兄の戦話しも聞かないで、とうとう彼の世の人となつてしまひました。生ある者は必ず死ありと申す事ございますが、私は実に僅かの間に姉妹三人を亡くしたのであります。世に不幸な人少なくないでせうが、頼みに思つて居た姉と妹を、昨日と今日という間に失つた私の身の上も不憫ではありますまいか。（大阪菅野隆子）

〔『婦人世界』明治四一年三月一日　三（三）〕
〔資料5-3-2-1-1〕

この〔資料5-3-2-1-1〕では、軍隊に行っていた兄を待っていた妹が亡くなったこと、そしてその妹が亡くなる前後に姉も亡くしていることが記述されている。自身の「身の上」を「不憫」（07行目）と表現し、「実に」（05行目）という副詞を用いることで、その「不幸」の中の絶望感が強調されている。「今年こそ」（01行目）という表現も、他者（読者）へいかに妹がその日を待ちわびていたのかを強く印象づけ、出来事（妹の死）の不条理さを訴える働きをしている。

また、03行目の「居ましたのに」の「のに」という逆説の接続詞は、それまでの「不幸」ではない日常が突如破られたことを印象づける。この接続詞は、そのような「幸せ」な日常から「不幸」な現実へ、という物語的展開の起点となっている。

この〔資料5-3-2-1-1〕に対する応答が、次号に掲載されている。そこでは、〔資料5-3-2-1-1〕に同情を示す言葉を述べながら、自身の「身の上」の方がより「不幸」であることが訴えられている。父が亡くなり、兄もなくなったという内容である。そして、〔資料5-3-2-1-1〕の投書者に対して、兄が生きているのなら幸せではないかと問いかける。

01 大阪の菅野隆子様の御身の上に御同情申上げます。ああ思ひ出しても涙の種。私
02 は今より七年の昔、私の父はたつた一日の病で不帰の客となつてしまひ、ついで

一人と頼む兄もこの世を去つたのでございます。兄は生存して居れば、今年二十歳になるのですが、今は父もなく兄もなく、ただ母と妹と三人して、日日にわびしき日を送って居ます。あなたはそれでもお兄様がいらつしゃるからお仕合せですが、私は兄がほしくてなりません。（大阪　山内はる子）

〔『婦人世界』明治四一年四月一日　三（四）〕

〔資料5‐3‐2‐1‐2〕

この〔資料5‐3‐2‐1‐2〕の登場によって、〔資料5‐3‐2‐1‐1〕は「程度の低い不幸」となってしまっている。なぜなら、姉妹の死と兄の死が比較され、兄の死の方が受け入れがたい「不幸」であるとされているからである。そして、自身の生活は「ただ」「わびしい」ものであり、〔資料5‐3‐2‐1‐1〕の状況は兄が生きているという点から考えれば「不幸」どころか「仕合せ」（幸せ）（05行目）なのである。

この「接続」に見られるように、先行する「不幸」な「身の上」に描かれている「不幸」は、それが掲載された時点では必ずしも比較の対象になるようなものではない。その先行する「不幸」に関する語りは、後続する「不幸」に関する語りの登場によって、はじめて比較されることになるのである。

さらに、同じ号に、〔資料5‐3‐2‐1‐1〕に対するもうひとつの応答がある。この応答でも、〔資料5‐3‐2‐1‐2〕と同様に父と兄の死が語られており、〔資料5‐3‐2‐1‐1〕において兄が生きていることが強調されている。

菅野隆子様の御身の上のお話を承はりまして、私は涙がこぼれました。けれども、菅野様、決してそんなに御落胆なさいますな。あなたはお兄様がありますから結構です。私どもは、父に別れ、兄に別れ、今はただ老母と、他に嫁げる一人の姉を心細くも便りにして居るのでございます。（伊■　大西きくゑ子）

〔『婦人世界』明治四一年四月一日　三（四）〕

〔資料5-3-2-1-3〕

この〔資料5-3-2-1-3〕は、〔資料5-3-2-1-2〕とほとんど同じ語りの構造を持っている。このことは、〔資料5-3-2-1-3〕でも、同情的態度を示しつつ、自身のより「不幸」な「身の上」を語ることが行われている点に表れている。とくに、この投書の中でも、より強調されているのは「けれども」以降の語りであり、それは自身の「不幸」についてである。

また、〔資料5-3-2-1-2〕と〔資料5-3-2-1-3〕というふたつの投書には共通する大きな特徴がある。それは、先行する投書（〔資料5-3-2-1-1〕）における姉妹の死という「不幸」な出来事を「兄の生」という内容に転換するというものである。この転換という言語実践が示しているのは、「不幸」に関する「物語」はある特定の視点から語り直すことが可能であるということである。つまり、「不幸」とは、語り方による意味づけの可変性[14]をもつものであると言える。

とはいえ、姉妹の死と兄の死を比較することは、原理的には不可能である。当人にとって「不幸」であると意味づけられ語られる限りにおいて、それは「不幸」であるはずである。しかしながら、姉妹の死と兄の死が比較可能であり、兄の死の方がより「不幸」であるかのように見えるのである[15]。

これまで見てきたように、〈不幸を並列化する語り〉では、自身の「不幸」を語ってはいるが、それを先行する投書と比較することに比重が置かれておらず、同情的態度を示すことが強調されていた。それに対して、〈不幸を序列化する語り〉では、自身の「不幸」を先行する投書の「不幸」より「不幸」であることを強調することに比重が置かれている。後者は、〈不幸を並列化する語り〉と異なり、先行する投書で語られている「不幸」と自身の「不幸」を比較することを通じて序列化することにより、同情の表明が可能になっている。

3-2-2　同情の受容

ここでは、この、「不幸」を比較しているように見える〈不幸を序列化する語り〉に対する応答が、どのように受け取られていたのかを確認する。というのも、この語りは単なる「不幸」の比較ではなく、別の意味を持つものであると考えられるからである。この点について考察するために、〔資料5-3-2-1-2〕と〔資料5-3-2-1-3〕に対する投書者の反応について見ていく。

次の〔資料5-3-2-2〕は、〔資料5-3-2-1-1〕の投書者の妹と名乗る女性からの投書であり、〔資料5-3-2-1-1〕の投書者（姉）が亡くなったという内容である。

去る三月の通信欄の身の上話に記者様はじめ皆様の御同情にあづかり、お慰めのお言葉をいただきました■の隆子は、皆様のおやさしきお心を非常に感謝してを

03 りましたが、二三ヶ月前からブラブラ病[16]になりました。私は一生懸命に看護の
04 手をつくしましたが、その効なく、九月の末にとうとう亡き姉妹のあとを追つて、
05 帰らぬ旅の人となりました。ああ、天はなぜかう私にばかり無情なのでせう。わ
06 づか八ヶ月の間に姉と妹とを失つてしまつたのですもの。私は、世のはかなさを
07 シミジミと感じて、さびしく暮らしております。（隆子の妹）

〔『婦人世界』明治四一年一一月一日 三（一三）〕

〔資料5-3-2-2〕

この〔資料5-3-2-2〕からは、「皆様のおやさしきお心を非常に感謝してをりました」（02行目から03行目）というふうに、投書者が〔資料5-3-2-1-2〕と〔資料5-3-2-1-3〕を自身の「不幸」を批判するものとしてではなく、「はげまし」の言葉として受け取っていたと記されている。

このように、〈不幸を序列化する語り〉が「はげまし」として受容されていたという記述から、〈不幸を並列化する語り〉も〈不幸を序列化する語り〉も「不幸の受容」を促すという同じ機能を果たしていると考えられる。〈不幸を序列化する語り〉は「私はあなたより『不幸』である」という内容であるが、そこには現状を耐えている様子が描かれている。つまり、これは「不幸」を受け入れるという実践を見せる行為として捉えられる。

それに加えて、「不幸」を受け入れるためには、その状況に対する他者からの承認が必要となろう。その

他者の承認が「接続」に現れる同情の言葉である。〈不幸を並列化する語り〉は、その内容全体において同情が示されており、出来事の意味づけに対する承認そのものとして捉えられる。

また、〈不幸を序列化する語り〉においても、一度だけの言及ではあるが同情の言葉が記されており、内容を見ると先行する投書（「不幸」）への、穏やかな批判としても捉えられる可能性があるが、それもまた、「はげまし」として受け取られていた。これらふたつの語りは、言語編成は異なっているものの、先行する投書における「物語」への「はげまし」となっており、それを契機として「接続」が可能になっている。

つまり、「接続」は何かしらのかたちで「同情」を述べることで可能になっており、それによって他者からの承認の獲得が保証されているのである。「接続」がなされることにより、先行する投書における「物語」が、「不幸」として遡及的に承認される結果となるのである。そのように承認されることによって、「不幸」は受け入れられていると考えられる。

3-3　語りの「接続」の終了

以上見てきたような語りの「接続」は延々に続くわけではなく、終わりがある。そこで、ここからは語りの「接続」の終了を見ていくことにしたい。

〔資料5-3-2-2〕が掲載された次の号に、その投書への応答が掲載されている。ここでも、先行する投書である〔資料5-3-2-2〕に対する同情を示しながら、自身の方がより「不幸」であることが訴えられている。先行する投書である〔資料5-3-2-2〕に対して、「不幸」は「前世の因縁」（01行目）としてあきらめることをすすめながらも、自身の「不幸」については多くの嘆きの言葉で語っている。それでも、この〔資料5-3-3-1〕の「前世の因縁」という言葉は「あなたより悲惨であるが私は受け入れている」ということを見せるものであり、「だから、あなたも受け入れられる」という「はげまし」であると捉えられる。

隆子様のお妹■様。承はればお気の毒様なことですが、何事も前世の因縁とおあきらめあそばせ。私も只今は実の父母がなくなりまして、継母の手に育てられてをります。実母は私が三歳の時になくなり、父は十二歳の時に中風にかかり、十五歳の時になくなりました。私は十二歳の時に小学校を卒業いたしましたが、それからは、毎日毎日継母に叱られて家の内で働くばかり、また裁縫のことさへ少しも知りません。父が死亡しまして後は、少し言ひまちがひをいたしましても、顔を掻かれたり背をたたかれたりしまして、今日までそれはそれは悲しい辛い月日を送つてまゐりました。本などを読みますのも皆母には内所でございます。実につらいことばかりで、生きた心地はございません。私ほど無学なものは世の中にございますまい。実に情けなくて、この世がいやになりました。(神戸　豊子)

〔『婦人世界』明治四一年一二月■日　三(一四)〕

〔資料5-3-3-1〕

この〔資料5-3-3-1〕では、程度を表す副詞が多用されていることが確認できる。「毎日毎日」(05

行目）「ばかり」（05行目）「さへ」（05行目）「皆」（08行目）という副詞を用いることで、「これ以上ない不幸」として提示されているように見えるため、〔資料5-3-3-1〕に対する非同情的態度がとられにくくなると思われる。

実際に、この〔資料5-3-3-1〕によって〔資料5-3-2-2〕の投書者は自身の「不幸」を受け入れるという結果になっている（下記〔資料5-3-3-2〕）。そのように「不幸」が受け入れられた理由は、この〔資料5-3-3-1〕の投書者の暮らしぶり（投書の内容）だけにあるのではない。その暮らしを巧みに語っている、その語り方自体が強く働いているのである。

確かに、内容は悲惨なものである。しかしながら、その事実を事実のままに列挙するのではなく、程度を表す副詞を多用しながら表現しているという、その方法こそが、他者に「不幸」の受容を促すことを可能にしていると考えられる。

そして、この〔資料5-3-3-1〕に対して、〔資料5-3-2-2〕の投書者（妹）から応答がなされている。この〔資料5-3-2-2〕でもって、一連の語りの「接続」は終了する。

01　神戸の豊子様のお身の上を承はりまして、実に実にお気の毒に存じます。しかし、
02　あなた様の仰せの通り何事も前世の因縁でせう。また幸福の来ることもありませ
03　うから、御辛抱あそばして下さい。私は数人の姉妹を失ひましたけれども、まだ
04　実の父母もをります。兄も弟もをります。あなたなどに比べればどれほど幸福だ
05　か知れません。深く御同情申上げます。（大阪　亡隆子の妹）

〔『婦人世界』明治四二年二月一日　四（二）〕
〔資料5-3-3-2〕

ここでは「不幸」の原因が、〔資料5-3-3-1〕で言われているように、「前世の因縁」（02行目）にあることに同意がなされている。ここでは取り上げられていない資料においても、「運命」（第三巻第七号）、「前世の因縁」（第三巻第一四号）、「世の中の運」（第四巻第四号）、「天命」（第四巻第七号）といった言葉が登場しており、これらは「不幸」についての語りの「接続」を終了させている。「不幸」の原因が自身では動かしがたいものとして語られることで、「接続」はなされなくなる。というのも、これらの言葉が「不幸」の原因として置かれることで、出来事の意味づけの転換が困難になるからである。このような運命論的思考は、自身の置かれている状況――「不幸」であること――を受け入れるということを意味している[17]。つまり、意味づけの転換の終わりを表す印として、これらのフレーズは機能しているのである。

しかしながら、この投書により、語りの「接続」が終了したのは、単に「前世の因縁」というフレーズが用いられたからだけではない。ここでは、先に見た、意味づけの転換が起こっていることに留意しなくてはならない。姉妹の死を経験しつつも、父母や兄、弟が生きていることが語られ、その視点から自身の「身の上」を編成し直すと、「幸福」として捉えることもできるというように出来事をめぐる意味が再構築されているからである。

そのように、「不幸」に関する語りの「接続」は、動かしがたざるものを「原因」と置く――外在化する――か、意味づけの転換――「不幸」から「幸福」へ――が可能になったとき終了する。というのも、どちらの場合も、そこで語られている「不幸」を、他のかたちの「物語」として再構築する必然性が低くなるからであり、そこで語られている「物語」を肯定する実践であるからである。いったん肯定されてしまえば、他にもありえるはずの「物語」の生成は起きにくくなるのである[18]。

4 「不幸」を受け入れるということ

前節では、「不幸」についての語りの「接続」には終わりがあり、それはある特定の言語編成が現れることにより生じることが確認された。ここでは、先に見た同情の受容について、その記述の中における同情の表明——語りの「接続」への参加の形式——の機能という視点から再び検討する。

4-1 「接続」への参加の形式

次の〔資料5-4-1〕は、他者の「不幸」に関する「物語」を読むことを通じて、自身の「不幸」を受け入れていることがわかりやすいかたちで表明されている事例のひとつである。この〔資料5-4-1〕は、先の〔資料5-3-2-1-2〕と〔資料5-3-2-1-3〕への応答である。

大阪の山内はる子様、伊予の大西きくゑ子様、あなた方が菅野隆子様を御慰め遊ばした御言葉を拝見致しまして、私は思はず暗涙に咽びました。私もつひ先月半ばに愛知専門医学校に在学中の兄を失ひました。最早卒業間近と毎日楽んで居た甲斐もなく終に帰らぬ旅につかれたのです。私はただ明け暮れ世の中のはかなさを嘆いてをりましたが、今お姉様の御身の上を承はつて、私は快く諦めをつけました。（遠江国　溝口順子）

〔『婦人世界』明治四一年五月一日　三（五）〕

〔資料5-4-1〕

この〔資料5-4-1〕でも、〔資料5-3-2-1-2〕と〔資料5-3-2-1-3〕を「はげまし」として捉えていることが示されている。そして、そのような他者への「はげまし」を自身への「はげまし」として捉えることを通じて、自身の「不幸」を受け入れるということが可能になっている。そして、それは、「接続」に参加する人びとにとって、自分たちがひとつながりの社会にいるという実感を醸成している可能性を示唆している。

そのように、他者の「物語」と自身の「物語」をひとつのつながりとして理解する——観念する——ことが可能になるとき、自身の「不幸」が単なる個人的な状況ではなく特別な意味をもつ現実として構築される。他者の「物語」を自身には関係のない出来事として捉えるのではなく、自身の状況と引き比べながら「共同の物語」として想像することが可能になるとき、「物語」を介して自身と他者がつながっていくのである。他者（の状況）と自身（の状況）がひとつのつながりをもつ現実として理解されるとき、そこには「物語」を介した「接続」が存在している。その「接続」は、単なる文章上のつながりという意味合いではなく、想像的な——観念的な——つながりをも意味している。

また、自身の「不幸」を単に受け入れるだけではなく、受け入れたと表明することにも大きな意味がある。この表明があることによって、先行する投書における語りもまた、「不幸」として意味が遡及的に確定されるからである。

つまり、「物語」の「接続」は先行する語りと後続する語りとの単なるつながりではなく、それぞれの「物語」の意味を確定させるために必要なものであり、また、他者と自身との想像上のつながりを生じさせる機能をもつものとして捉えられるのである。

これまで〈不幸を並列化する語り〉と〈不幸を序列化する語り〉については、その内容において強調する点が異なっていることでそれらを区別した。しかしながら、語りの中で何が強調されているのかという点のみが、この現象を捉える際の中心として扱われるべきではない。同様に重要であるのは、語りの形式である。なぜなら、〈不幸を並列化する語り〉も〈不幸を序列化する語り〉も、「接続」という側面から考えれば、共通の形式をもっていることが指摘できるからである。それは、どの語りにも必ず同情の言葉が記述されている点である。「涙と共に拝見致しました」（資料5-3-1）、「御同情申上げます」（資料5-3-2-1-2）、「涙がこぼれました」（資料5-3-2-1-3）、「お気の毒」（資料5-3-3-1）（資料5-3-3-2）「暗涙にむせびました」（資料5-4-1）、これらはみな同情を直接に表すフレーズである。このように同情の言葉が述べられているのは、それが「接続」への参加の形式であるからである。

先述の〈不幸を序列化する語り〉の分析では、先行する投書に対して自身のより「不幸」な状況を語っている部分を中心に検討したが、それらの語りにも、同情の言葉が必ず語られている点にも目を向けなければならない。というのも、「接続」への参加は、この形式——同情を示す——に従うことで可能になっていると考えられるからである。

このように、同情を示すことが「接続」への参加の形式であることは、本章で取り上げていない他の投書からも指摘できる。「思はず涙に咽びました」（第三巻第八号）、「御同情致します」（第三巻第八号）、「お気の毒に存じます」（第三巻第九号）。これらは、そのフレーズのみが掲載されているもので、自身の「不幸」と先行する投書における「不幸」について、必ずしも並列化も序列化も行っていない語りの一部である[19]。このようにして同情を示すという「約束」——ある種の「儀礼」——を守ることを通じて、「接続」が行われていると言える。

この序列化も並列化も行わない語りは、その端的な同情の言葉の後に、「私も『不幸』を抱えている」という「物語」が省略されていると考えることができる。これまでの分析で見てきたように、他者の「不幸」に対して同情する資格があるかどうか、あるいは、その正当性があるかどうかは、自身の「不幸」を語ることで可能になっていた。つまり、同情の言葉を述べることが可能であるということは、言葉によって書き記されてはいない自身の「不幸」という「物語」が存在していることを意味していると考えられるのである。

この自身の「不幸」に関する語りの「省略」が可能であるのは、そこに「信頼」があるからではないだろうか。なぜなら、自身の「不幸」を語りはしないが、「お互いに『不幸』であることを知っている」ことが読み取れるからであり、それこそが文章上だけの「接続」ではなく、他者——社会——との「接続」を可能にしていると考えられるからである。

そして、このように共同で反復して同じ形式にならうということを通じて、人びとの間につながりが生じていたのではないだろうか。このような共同での参加の形式がとられることによって、人びとは、自分たちを同じ現実を生きている「私たち」として観念することが可能になっていたと考えられる。

4-2 制度に関する語りの不在

ところで、先述していたように、「不幸」を受け入れるという実践に加えて検討しなければならない問題がある。それは、制度に関する語りの不在である。

〔資料5-3-2-1-2〕と〔資料5-3-2-1-3〕では、兄と父の死が語られていた。当時の家制度を念頭におくと、家族における「男性の死」は重大な意味をもつものであったと考えられる。とくに、戸主あるいは戸主を後継するはずのものが亡くなるということは、家の存続に関する大きな問題を家族に突きつける。しかし、〔資料5-3-2-1-2〕も〔資料5-3-2-1-3〕も家族における「男性の死」がもたらす困難について、それを制度上の問題と結びつけることなく語っている。そこでは、家族における「男性の死」は、戸主や戸主の後継者の死としてではなく、あくまでも「家族の死」であり個人的に対応すべき事柄として捉えられているように思われる。

言い換えるならば、家族における「男性の死」が制度的な問題としてではなく、感情的紐帯が裂かれたというような、心情的な問題として語られているように考えられるということである。一方で、家族の死を心情的問題として捉えるのであれば、姉妹を亡くしたという事実にも共感できるはずであるし、またそのようにして語り、「接続」することも可能であったはずである。しかしながら、そのようには語られず「不幸」が「幸福」へと転換していることを考えると、家制度の問題が、語りの背後で影響していることも可能性として考慮しなくてはならないだろう。例えば、明治二〇代から三〇年代にかけてそれまでの「家族」とは異なるものとして「家庭（ホーム）」の概念が登場し、この言葉には家族間の感情的紐帯という意味合いが含まれている（牟田 1996）。つまり、家族の死を心情的側面から理解するということは、この「家庭（ホーム）」の実践のひとつの表れであると考えられる。

そのように考えられる一方で、「男性の死」が心情的問題として現れているというふうに単純に考えることはできないようでもある。なぜなら、それらの投書に接続する〔資料5‐3‐3‐2〕では、父と弟が生きていることに焦点化することで「不幸」を受け入れることが可能になっていたからである。したがって、父と弟が生きているという事実は、家の存続を意味し、そうであるからこそ自身の「不幸」を「幸福」へと転換させることが可能になっているとも考えられる。よって、〔資料5‐3‐3‐2〕における「あなたに比べればどれほど幸福だかしれません」という表現は、感情的紐帯を結びうる家族がいるということと、その中に家を後継できるものが含まれていることから可能になっている語りであるとも思われる。

5 「不幸の共同体」

以上、これまでに見てきたように、人びとは、「不幸」に関する「物語」を「接続」させることを通じてそれを受け入れていたと考えられる。この「接続」とは文章上のつながりだけではなく、他者あるいは社会とのつながりをも含む二重の「接続」という機能を担っていた。そして、「不幸」の受容は、「接続」への参加の形式である「同情」の言葉の記述や自身の「不幸」に関する語りの省略、そして他者からの承認という「接続」の機能によって可能になっていた。

並列化や序列化というかたちで「不幸」を接続させながら語ることを通じて、人びとは、「自分だけが『不幸』なのではない」ことを確認し、その「不幸」を受け入れながら生きていくすべを模索することが可能になっていたのではないだろうか。

明治時代以降、大きな戦争へと傾いていく中で、「(近代)国家」という血気盛んで積極的な連帯にコミットできなかった人びとは、女性に限らず少なくなかったはずである。「立身出世」「良妻賢母」「富国強兵[20]」、「不幸」な状況下にある人びとにとって、このような思想は遠くの出来事のように感じられていたのではないだろうか。これまで見てきた「接続」によるつながりは、積極的な連帯への参与が困難であった人びとによる消極的な連帯であったと考えられるかもしれない。しかしながら、そのように消極的に見える連帯があったということ、そして、その消極的な連帯が結果的に果たした「共同性」を生成するという機能が重要である。

そのように、「不幸」についての「物語」の「接続」は、積極的な連帯やモデルストーリー、理想的なロールモデルにコミットできなかった人びとを観念上つなぐ役割を担っていたと考えられる。ばらばらの個人をひとつの「想像のつながり」として観念させることが、「物語」の「接続」の機能であり、接続することを通じて可能になったひとつの連帯＝「共同性」が生まれていたと考えられる。

「不幸」を受け入れる言語実践を通じて、人びとがつながっていく。そのようなつながりは「不幸の共同体」とも呼べるものの存在を示唆している。この「不幸の共同体」は、何かに連帯を求めながらもそれを実現できなかった人びとにとっての、ひとつの「救済」のあり方だったのではないだろうか。

自己物語に「接続」がなされるということは、他者から承認されたという証である。それは、「不幸」な生のあり方を肯定するものである。たとえ理想とは離れていようとも、そのようにして生きることを互いに認めていく実践が、この「不幸の共同体」を成立させているのである。

注

1 これまで確認した中で、明治初期の女性雑誌において本章で分析の対象とする投書のやりとりと同様のものは確認されなかった。そもそも、明治初期には女性雑誌というジャンル自体が少数しかなかった。

2 第一次投書ブームは日清戦争後に起こり、軍備拡張のための課税の強化や地租増徴に対する不満や抗議を主とした投書が中心であった（吉原 1985）。第二次投書ブームの状況から遡及的に考えると、第一次投書ブームは人びとが投書という行為になじむ契機になった点は指摘しうるだろう。

3 この二つの雑誌の当時の詳細な発行部数は不明であるが、投書には投書者の居住地について記載があり、それは全国各地方であることから、全国的に読まれていたと思われる。

4 大正六年の創刊から長らく発行のある『主婦之友』への注目があげられる。植田（1986）および寺出（1994）を参照されたい。

5 第3章第2節を参照されたい。

6 第2章第4節を参照されたい。

7 この観点は、第4章で見た自己論における「物語」の捉え方と重なるものである。

8 「物語」は、相互行為により形成される側面を持つという点も、このことを示している。第2章でも言及したように、井上（2000）は、「物語」の構築と理解が他者との相互作用によって可能になることを論じている。

9 「完全に」「本当に」「みんな」「いつでも」といった、副詞を含む言葉が使用される言語編成については、Extreme Case Formulation（ＥＣＦ）（Pomerantz 1986）として知られている。ＥＣＦには、以下の三つの機能がある。（１）非同情的な聴取を予期してもっとも強力な事例を提示する、（２）当該現象の原因を提案する、（３）当該行為の正当性（不当性）を訴える、の三つである（Pomerantz 1986: 227）。

10　譙（2001）を参照。

11　行番号は筆者による。また、旧字体は新字体に改めている。これ以降、傍線のひかれている部分は分析の際に注目した言葉であり、筆者によるものである。

12　肺尖の部分の炎症のことを指す。

13　■は、判読不能な文字を表す。

14　語りの可変性については、第2章で言及したディスコース分析を参照されたい。

15　当時の家制度を考えれば、男性（父や兄）の死は大きな問題であろう。この点については、第5節で改めて言及する。

16　ブラブラ病とは、慢性病（長患い）のことを指す。肺結核を指すこともあったが、ノイローゼや恋わずらいもこの中に含まれていた（山崎 2000: 218）。

17　竹熊ら（2005）は、困難な状況に対峙した際、「のさり」という言葉（方言）が運命を受け入れるための役割を果たしていることを論じている。

18　この点に関しては、ナラティヴ・セラピーにおいてドミナント・ストーリーを変容させることが困難であることを想像すると理解しうる。ドミナント・ストーリーを破壊し、新たなストーリーを生成することの困難と重要性については、浅野（2001）および Madigan & Epston（1995 = 2005）を参照されたい。

19　「不幸」に関する投書で、同情の言葉が掲載されていないものはほとんどない。ほぼ全ての投書に同情の意を示す応答がなされている。

20　この思想を支えた背後に「不幸の共同体」が機能していたことも考えられる。なぜなら、「不幸の共同体」は当時の貧しさを肯定する意味が含まれている可能性があるからである。

終章

自己物語記述様式の成立と「共同性」

1　本章の目的

本章は、これまでの議論を踏まえて、序章において述べた「物語のはじまり」と「下からの近代化」について自己物語記述様式の成立と「共同性」の観点から論じることを目的とする。これまでの議論は、日本の「近代化」の過程における経験について、とくに「ことば」を中心として、人びとの自己をめぐる記述――テキスト――の言語編成の分析を通して、明らかにするものであった。

これまでの分析と考察から、人びとは自身について「物語」という様式により記述を行うようになり、そして、まさにそのようなものとして自己と他者とを経験しているということを指摘できる。人びとが自己について語る際、それが「物語」という様式によりなされるという観点は、こんにちにおいては目新しいものではないだろう。しかしながら、本書の狙いは、こんにちにおいて当然のこととされているこの観点について、その歴史性を描き起こすことにあったのであり、それを通じて、「近代化」の過程における当時の人びとの経験のあり方を明らかにすることにあった。

ひとことに明治と言っても、それは短い時間であるようでありながらも、長く感じられるほどにさまざまなことが怒涛のように押し寄せる時代であった。本書では、事物や制度といった側面ではなく「ことば」の問題に特化して議論を行ってきたが、そのようにひとつのトピックに絞ったからこそ、この時代のある種の濃厚さのようなものを描くことができたとも考えられる。もちろん、「近代化」について従来からあるような、政治的な出来事や人物を中心にした記述や、憲法や法律の整備、鉄道網や電気網の発達等、いわゆる近代的な制度や事物の導入を中心にした記述の方法も可能であるだろう。しかしながら、本書ではそのような記述の方法をとらなかった。それは、そのような記述からは生まれてこなかった、人びとの経験のあり方を詳述するためである。ゆえに、本書の「近代化」の描き方は、従来の歴史的記述とはまた別のかたちでの「近代化」についての記述の仕方であると言える。そして、本書では、人びとの自己についての記述様式の変容の過程をその中心とした。

ただし、人びとが自己について記述するということが、明治以前——前近代——になかったということを述べようとしているのではない。例えば、第4章の日記の分析に入る前においても触れたが、日記はいつの時代にも書かれていた。さらに、「物語」という様式がなかったということを述べようとしているのでもない。むしろ、「物語」は歴史上常に人びとともにあった。神話や民話の類は、いつの時代にも語り継がれているものである[1]。しかしながら、本書において導かれた重要な論点のひとつは、自己についての記述と

「物語」という、特定の様式がひとくみのセットとして利用されるようになる地点が、明治時代に見られるということである。

ここで、第2章で見たストーリーの社会学を思い起こしてほしい。人びとが「ことば」を使用し、ある特定の様式に沿ってそれを運用するという行為が成立する諸条件が整う時期が、明治時代だったということである。それまでは、個々別々の活動として実践されていた「ことば」に関する文化や伝統を下敷きにして、それらがまとまる時期を得たのである。そして、そのとき、自己について「物語」という様式によって記述するということが、試行錯誤を経て可能になったのである。その過程を記述することは、過ぎ去ったときについて改めて焦点をあてるということに留まらない。人びとが「ことば」を獲得するという過程について論じることは、こんにちの「ことば」をめぐる諸研究の出発点として位置づけられるものであると考えられる。「どのようにして、人びとは自己について記述しうるようになったのか」、という点を問うてこそ、その記述された「物語」にこれまでより接近することが可能になるであろう。

2 自己物語記述様式の成立

2-1 これまでの議論の概略

これまで、明治時代における自己物語記述様式について「物語」の概念から接近するために、この時代に特有の識字や出版文化・活字文化、言文一致といった諸状況の検討から、それらを含めてテキストにアプローチするための方法論の検討を行い、実際のテキストの分析を行ってきた。それらの議論について、もう一度詳しく振り返ることにしたい。

まず、序章では本書の問題関心について述べた。そこでは、従来の日本における「近代化」の記述方法に対して、本書が、人びとの言語実践の水準から記述する方法を取ることに言及した。というのも、従来の「近代化」が近代的な事物や制度の導入といったいわゆる「上から」の議論であったのに対して、本書の目的の中心が、人びとの自己をめぐる経験の記述のされ方という「下から」の議論を試みることにあったからである。言い換えると、本書は、もはや過ぎ去ったときである明治時代について、テキストの分析を通じて、こんにちの私たちが当然のものとして使用し享受する、忘却された「ことば」の歴史性を描き直すことによって、それを再び立ち上げようとするもの、である。

そのような目的のもと、本書では明治時代に起こった「ことば」をめぐる人びとの格闘を振り返り、自己物語というテキストが如何にして記述される対象として成立していったのかを、資料に基づき分析的に明らかにしてきた。以下では、第1章以降の議論を振り返っていく。

はじめに、序章での「近代化」の議論を受けて、第1章では、人びとが自己物語を記述することを可能にした土台と考えられる当時の諸状況について検討した。まず、明治初期における、国民がばらばらの「話しことば」を使用しているという問題が、軍隊の運用上の障害として浮上し、「共通語」の創造が目指されることとなったということについて『國語元年』に描かれているエピソードを含めて検討した。そして、この「ことば」の混乱が縮小していく契機として、教育制度の拡充、出版・活字文化の浸透があり、これらにより人びとが活字文化に急速に慣れ親しんでいく過程を明らかにした。とくに、明治三〇年代において、この活字文化が日本全国に浸透したとみなし得ることを指摘した。そのようにして、活字文化が浸透する過程において、人びとは活字に対して、黙読を主とする近代的読書態度を身に付け、活字を消費する消費者へと変化していった。そして、この前近代的読書から近代的読書への変容は、「読む」という側面だけの問題ではなく、その対象となる活字――書きことば――の変化と切り離すことのできない現象であった。この新しい書きことばとは、言文一致体のことを指すが、このことばの登場は、誰でもが使用可能であり理解可能である「国語」不在という問題を近代日本に対して一層強く突きつけることになった。結果的には、言文一致は、国家側の政策よりも国民の側の現状が先んじるかたちで「国語」における書きことばの問題は解消されていったのであった。また、言文一致という新しい書きことばは、「ことば」の統一という効果をもっていただけではなく、その「ことば」を使用する主体を成立させるものとしても機能した。以上のように、近代日本における「ことば」の問題は紆余曲折しながら徐々に解消されていったのであるが、それをめぐる格闘やその歴史性が忘却されている点を指摘しえた。自己物語記述様式を成立させ、また成熟させる諸状況が整う過程が、この章を通じて明らかになった。

続く第2章では、人びとが書き残した「ことば」を分析するための、本書における方法論的視座を提案した。人びとの「ことば」について、詳細でテキスト内在的に分析するために、ディスコース分析とストーリーの社会学および構造的ナラティヴ分析の検討を通じて、それらの難点を補足し合う方法論的視座が提示された。まず、ディスコース分析が心理学の領域において、伝統的な方法を乗り越えるためのものとして登場したこと、また、その方法が現在「ことば」を分析するひとつの態度として展開されていることについて確認した。そして、ディスコース分析の難点を補足するために、ストーリーの社会学を検討し、その利点を取り入れることとした。さらに、本書が分析する際に用いる言語編成という概念については、構造的ナラティヴ分析における、構造の概念の検討を通じて示した。構造的ナラティヴ分析は、ナラティヴの構造を明らかにすることを中心に据える方法論であるが、その利点を継承しつつ限界点を越えるために、言語編成を見ることを提示した。そこでは、構造のみを抽出することに終始するのではなく、分析の対象となるテキストが、「どのようにして他でもないそのかたちになっているのか」を見る必要性について検討された。

以上のように、明治時代に特有の諸状況を検討し、それらを含めて分析を行うための方法論的視座が提示された。そして、第3章・第4章・第5章では実際のテキストの分析を行った。第3章では紙誌上の「身の上相談」を、第4章では誌上の日記を、第5章では誌上の投書を分析の対象とした。時代経過としては、第3章が明治一九年から大正初期まで、第4章が明治三四年頃、第5章が明治四〇年代となっている。

まず、第3章では紙誌上の「身の上相談」を分析の対象として、それらが徐々に物語化していくことを指摘した。そして、当初は記述される対象として不安定であった「身の上」が物語化していくにつれ、工夫が施された記述に変化していくことが明らかになった。それら「身の上相談」における語りは、〈情報的な語り〉〈規範的な語り〉〈物語的な語り〉に類別された。また、語られる内容については〈知識的領域〉と〈体験的領域〉に分けられた。〈情報的な語り〉は、史実や字義等に関する〈知識的領域〉にある語りであり、現在の「身の上相談」というカテゴリーからははずれるようなものであった。それらに入り混じるかたちで、〈体験的領域〉に関して〈規範的な語り〉も見られた。〈規範的な語り〉は、結婚や愛情といった〈体験的領域〉に関する語りでありながら、それらが、個人ではなく国家や世間の問題として語られるものであった。そして、〈物語的な語り〉は、〈体験的領域〉に関するものが個人の直面する問題として語られるものであった。この語りでは、出来事の時間的順序による配列と因果連関による記述が見られ、それはまさに「物語」という様式に沿ったものであった。このような「身の上相談」における語りの実践は、個々人が生活する「社会」を目に見えるようなかたちで表象することを可能にすると指摘しえた。なぜなら、「身の上」について（公に）語るという行為は、その認知可能性と規範的な正当性を共同で探っていく行為に他ならないからである。このように、いくつかの語り方を経ながら、「身の上」が記述される対象として成立したことが示された。

そして、これに続く第4章では、第3章で〈物語的な語り〉が定式化したと看做しうる明治三〇年代――これは第1章で諸状況が整ったと指摘した時期――に書かれたテキストをさらにクローズアップして分析を行った。ここでは誌上の日記を取り上げたが、〈物語的な語り〉は定式化しており、「身の上相談」には見られなかった構造を持つ記述も現れていた。第3章での〈物語的な語り〉と同様の〈単一構造的な語り〉である「物語」がある一方で、自己物語の中に他者の自己物語が内包されている〈多層構造的な語り〉も確認された。〈多層構造的な語り〉である自己物語が現れたことは、他者の人生について、物語的理解を行っていることを示していると考えられた。とくに、他者の自己物語を「挿話」として自身の自己物語に組み込んだ〈多層構造的な語り〉においては、その「挿話」の主人公――他者――に同情や共感を抱いており、かつ、それが自然なことのように記述されていた。このことから、人びとが「物語」という記述様式を通して、同じ「社会」を生きているという「共同性」が立ち上がっていると考えられた。つまり、この「物語」という記述様式とは、個々人の営みをまさにそれがそのように共にあるものとして可視化する機能を果たしていると捉えられたのである。

このような自己物語が登場した後に記述されたテキストを分析したのが第5章である。第3章で分析した「身の上相談」は、そもそも回答という他者からの応答が前提とされるテキストであり、第4章で分析した日記は、他者からの応答を想定しないテキストであった。それに対して、この章で分析した「不幸」についての投書は、一方的なつぶやきとも捉えられる語りに対して、予期せぬかたちで他者からの応答――ときに応答につぐ応答——が見られるものであった。ここで起こっていることは、自己物語の「接続」であった。ある人が自己物語を記述し、それに対してさらに自己物語を重ねていくのである。この「不幸」についての投書では、他者の投書に対して〈不幸を並列化する語り〉と〈不幸を序列化する語り〉とが見られた。そのような語りの「接続」を通して、結果として、「不幸」についての自己物語が「幸福」の自己物語に変化することすら見られた。ときに、このような自己物語の書き換えまで起こしてしまうような語りの「接続」は、ばらばらの個人を観念上つなぎ、「想像のつながり」を立ち上がらせる役割を担っていると考えられた。それは、まさに「不幸の共同体」と呼びうる、つながりの実践なのである。

2-2　経験の諸相——再び資料へ

以上がこれまでの議論の概略であるが、ここからはさらに、語りのトピックと類型に焦点化して再び資料を振り返りながら、「物語」という記述様式の成立の過程が、どのように展開していったのかをたどりたい。以下の【表6】が、第3章・第4章・第5章において分析した資料の一覧である。この展開の過程は、純粋に時系列に沿って進んでいるとは言い難いが、概ね時間経過に沿って把握することができる。

まず、明治一九年に、自己物語のようなものに入り混じるかたちで〈物語的な語り〉が登場する。この語りは、それまでに確認された「物語」の要素を持つものであり、自己物語として認識しうるものである。この語りは、言文一致体ではなく候文で記述されたものであるが、同時期の他の語りである〈情報的な語り〉と〈規範的な語り〉とは明らかに区別できる。これは、序章で述べた「非連続的発達」(Giddens 1990=1993: 15) として捉えられるものである。というのも、語りの伝統的な部分を引き継ぎつつも、その後の語りと明

【表6】資料一覧

	資料番号	年	トピック	挿話のトピック	語りの類型
第3章	資料 3-3-1-1	1886(M19)年	メディアを利用した情報検索		情報的な語り
	資料 3-3-1-2	1886(M19)年	配偶者選択の自由		規範的な語り
	資料 3-3-1-3-1	1886(M19)年	家族問題		物語的な語り
	資料 3-3-1-3-2	1886(M19)年	配偶者選択の自由		物語的な語り
	資料 3-3-1-3-3	1906(M39)年	職業選択および生活の自由		物語的な語り
	資料 3-3-2-1	1886(M19)年	メディアを利用した情報検索		情報的な語り
	資料 3-3-2-2-1	1886(M19)年	婚姻の目的		規範的な語り
	資料 3-3-2-2-2	1886(M19)年	配偶者選択の自由		規範的な語り
	資料 3-3-2-3-1	1906(M39)年	職業選択および生活の自由		物語的な語り
	資料 3-3-2-3-2	1914(T3)年	離縁		物語的な語り
	資料 3-4-1	1919(T8)年	生活の自由および移動		物語的な語り
第4章	資料 4-1-1	1900(M33)年	病と生活		単一構造的な語り
	資料 4-1-2	1901(M34)年	病および仕事		単一構造的な語り
	資料 4-2-1	1901(M34)年	職業	移動と転職	多層構造的な語り
	資料 4-2-2	1901(M34)年	職業および生活問題	移動と転職	多層構造的な語り
第5章	資料 5-3-1-1	1907(M40)年	病および家庭の困難		
	資料 5-3-1-2	1908(M41)年	家族の死および移動		不幸を並列化する語り
	資料 5-3-2-1-1	1908(M41)年	家族の死		不幸を序列化する語り
	資料 5-3-2-1-2	1908(M41)年	家族の死		不幸を序列化する語り
	資料 5-3-2-1-3	1908(M41)年	家族の死		不幸を序列化する語り
	資料 5-3-2-2	1908(M41)年	家族の死		不幸を序列化する語り
	資料 5-3-3-1	1908(M41)年	家族の死および養家での生活		不幸を序列化する語り
	資料 5-3-3-2	1909(M42)年	家族の死		
	資料 5-4-1	1908(M41)年	家族の死		

確に異なるものであると認められるからである。

そして、この〈物語的な語り〉は、「私」という一人物についての単一の「物語」からなる〈単一構造的な語り〉であるが、この語りと同時期に「私」の「物語」に他者の「物語」が内包された〈多層構造的な語り〉が見られる。この〈多層構造的な語り〉は明治三四年に確認されるものであり、〈物語的な語り〉が発展していく中で生み出された語りであると考えられる。明治三〇年代以降の語りは、全て〈物語的な語り〉を基本の言語編成として成立しており、であるからこそ、〈多層構造的な語り〉もまた可能になっている。

その後、明治四〇年代以降でも〈物語的な語り〉を基本の言語編成としているが、この時期において確認された語りの「接続」という現象は、それまでには見られなかったものである。この時期において見られた語りの「接続」という現象が生じえたのは、個々人がそれぞれに固有の「物語」――自己物語――を記述しうるということが、すでに前提とされているからであると考えられる。

つまり、自己物語記述様式の成立という観点からこれらの語りを振り返ると、明治一九年には一部でそれが実践されていることが確認されるが、いくつかの語り方が混在しており、様式が確立されているとは言い難い。それが、明治三〇年代に入ると、この記述様式は定式化しており、この時期に伝統的な語り口からの脱却、あるいは、分断があることを指摘しうるのである。

このように、明治一九年から大正八年までの三五年間の記述様式の変遷を追ってきたが、自己について「物語」の様式によって記述することが可能になる分岐点は、明治三〇年代にあると言える。それは、第1章において確認された諸状況の中で、「ことば」の転換が起こった時期である。また、第2章で検討したストーリーの社会学の視点からこの状況を考えてみると、ストーリーの表出が明治一九年頃であり、流通が加速していくのが明治三〇年代以降であると指摘しうる。とくに、明治四〇年代において確認された、語りの「接続」という現象は、ストーリーの流通が具体的にどのように進行していったのかを示す一例であると言えるだろう。

このように振り返って見てみると、明治二〇年代の語りの欠落を指摘しうる。明治二〇年代は、第1章でも見たように、「ことば」の問題が争われている中であり、それらが表出の契機を伺っていた時期であったと考えられる。潜在的なストーリーはあったかもしれないが、それらが出版文化に反映されることはなく、流通という面では時流に乗ることができなかったと思われる。と同時に、明治二〇年代はその後自己物語の記述に使用されることになる、言文一致体という新しい書きことば体が浸透していなかったことも、この語りの欠落の要因のひとつとして挙げることができるだろう。

そのように記述様式の変遷を追うことができるが、一方で、その記述の中に出てくるトピックにも目を向ける必要もあろう。なぜなら、このトピックもまた言語編成と密接に関係しているからである。

まず、明治一九年に現れたトピックは、伝統的な社会規範への懐疑として捉えることができる。とくに、「自由」を求める語りが目に付く。これらは、それまでの日本には存在しなかったような新たな価値観が輸入されてくる中で、どのような価値観が許されるものであるのかを、共同で探る運動であると考えられる。つまり、個々人の問題でありながら、それを社会的な水準で捉えようとしていたのである。

一方で、明治三〇年代の語りにおけるトピックは、個々人の生活に関するものが中心である。職業から発する経済的な問題や病など、個々人の直面する問題が、あくまでも個々人の生活の水準から捉えられるものであることが示されている。これを明治一九年の語りと比較すると、社会的な水準から個々人の水準へと、問題の照準が移っていることが指摘できる。

そのように語りのトピックの照準が移っていく中で、問題が、再び社会的な水準へと引き戻されるのが明治四〇年代の語りである。というのは、個々人の直面する問題が、他者とも共有可能なものであることが確認されているからである。より正確に述べるならば、問題を提起した個人の「物語」の個別性が担保されながら、それが社会的な文脈に開かれていることを確認し合う行為が、あるトピック――「不幸」――を中心としてなされているのである。

このような状況は、語られているトピックが社会的なものから個人的なものへと移行していると表現できる。しかしながら、そのトピックの語られ方を再び重ね合わせて考える必要があろう。それは、トピックと語られ方を切り離せないということに加えて、語られ方に照準を合わせると、この単純な図式では把握しきれない現象が起きていると考えられるからである。その現象とは、「共同性」の生成と可視化である。その「共同性」に関する議論をより深くするためにも、それぞれの語られ方（の実践）の機能について検討しておく必要があろう。

2-3 自己物語記述様式の成立

これまで、テキストの分析を中心として、自己についての記述が「物語」という様式に定式化していく過程を論じてきた。そして、その過程を振り返ってみると、この「物語」という記述様式は、人びとの自己をめぐる経験それ自体を可能にする「装置」であると言えるだろう。というのも、この様式が登場し使用されることを通じて、人びとの経験が可視化され浮かび上がっていると考えられるからである。

そのように、この「物語」という記述様式を「装置」として捉えるならば、これまで分析を行ってきた、第3章以降において見出された現象は、以下のように言い換えることが可能である。

まず、第3章で見出された語りの物語化は、経験の可視化を可能にする「装置」の発明と発展である。次に、第4章で見出された「物語」の多層化は、発明された「装置」の使用実践であり、この「装置」の精密な動きを示すものである。そして、第5章で見出された語りの「接続」は、この「装置」の維持が如何にして行われているのかを示すものである。以下では、この「装置」の機能をより詳しく検討する。

第一の「装置の発明と発展」は、自己についての語りが「物語」の様式として成立していく過程から見出されるものである。〈規範的な語り〉では、自己についての語りであるようでそうでないように見えるものであった。そこで語られているトピックは、自身が関係するもののようでありながら、自身が経験するもののようには語られていなかった。しかしながら、そこに、同じようなトピックで自身に固有の問題として語られる〈物語的な語り〉が登場する。経験を自身に固有のものとして語るその語り口が、ここに成立したのである。これが自己物語という「装置」の「発明」である。そして、それは「物語」という記述様式を保ちながら、さまざまな工夫が凝らされた語りになっていく。それが「装置」の「発展」である。

そのようにして、「発明」された「装置」はより精密な動きを見せていく。〈物語的な語り〉と同様の単一構造からなる語りから、「物語」の中に「物語」が埋め込まれた〈多層構造的な語り〉が見られるようになる。この〈多層構造的な語り〉の登場は、自己についてだけでなく他者についても「物語」の様式を通して理解していることを示していた。「装置」の使用は、自己の経験を可能にするだけでなく、他者のそれを理解することも可能にしていたのである。つまり、「発明」された「装置」の「使用」によって、自己と他者とについて同様の理解が可能となり、そのつながりをも可視化して捉えることが可能になっていたのである。

そして、そのように「装置」が「使用」される中で、語りが「接続」していく現象が起こる。〈物語的な語り〉の言語編成を保持しつつ、自身のそれと他者のそれとが期せずしてつながりを見せるのである。これは、自己についての「物語」という記述様式が、他者と観念的につながることを可能にしていることを示している。つまり、「装置」の反復的な「使用」により、この「装置」の働きが確認されながら、「維持」されていると考えられるのである。

このように、自己についての「物語」という記述様式の成立の過程は、「発明」→「使用」→「維持」→

「発展」という観点から捉えることができるものである。明治時代において、自己物語のようなものから自己物語が生み出され、それが人びとの間に流通し、加速しながら広がっていったと考えられるのである。そして、この過程は、後述するように「共同性」の展開の過程としても捉えられるものである。

3 「私たち」と「共同性」

3-1 ふたつの「私たち」

これまで類型化された語りを時系列に沿って、かつ、そこに現れた主体[2]を含めて表したものが、次の【図2】である。それぞれの言語編成の機能については先において検討したので、ここでは、その言語編成上で想定されている、主体の変遷を中心に論じる。この議論によって、自己についての「物語」という記述様式の成立が「共同性」を生成し可視化する機能を果たしているということが明らかとなる。

〈規範的な語り〉において、その語りは「私たち」（Ⅰ）の視点からなされていた。そして、「私」（Ⅰ）の視点からなされる〈物語的な語り〉が現れる。そこで、〈物語的な語り〉は継続していくのであるが、〈不幸を並列化する語り〉と〈不幸を序列化する語り〉では、「私たち」（Ⅱ）が生成されていた。ここで起こっていることは、「私たち」（Ⅰ）から「私」（Ⅰ）が析出され、「私たち」（Ⅱ）へと移行しているということである。そして、ここで、「私たち」（Ⅰ）と「私たち」（Ⅱ）を分別したのは、それらが異質の集合性からなっていると考えられるからである。「私たち」（Ⅰ）において、そこで想定される共同性は「私」という個別性を前提としていない集合性からなるが、一方、「私たち」（Ⅱ）はその個別性を前提としてそれを包摂した集

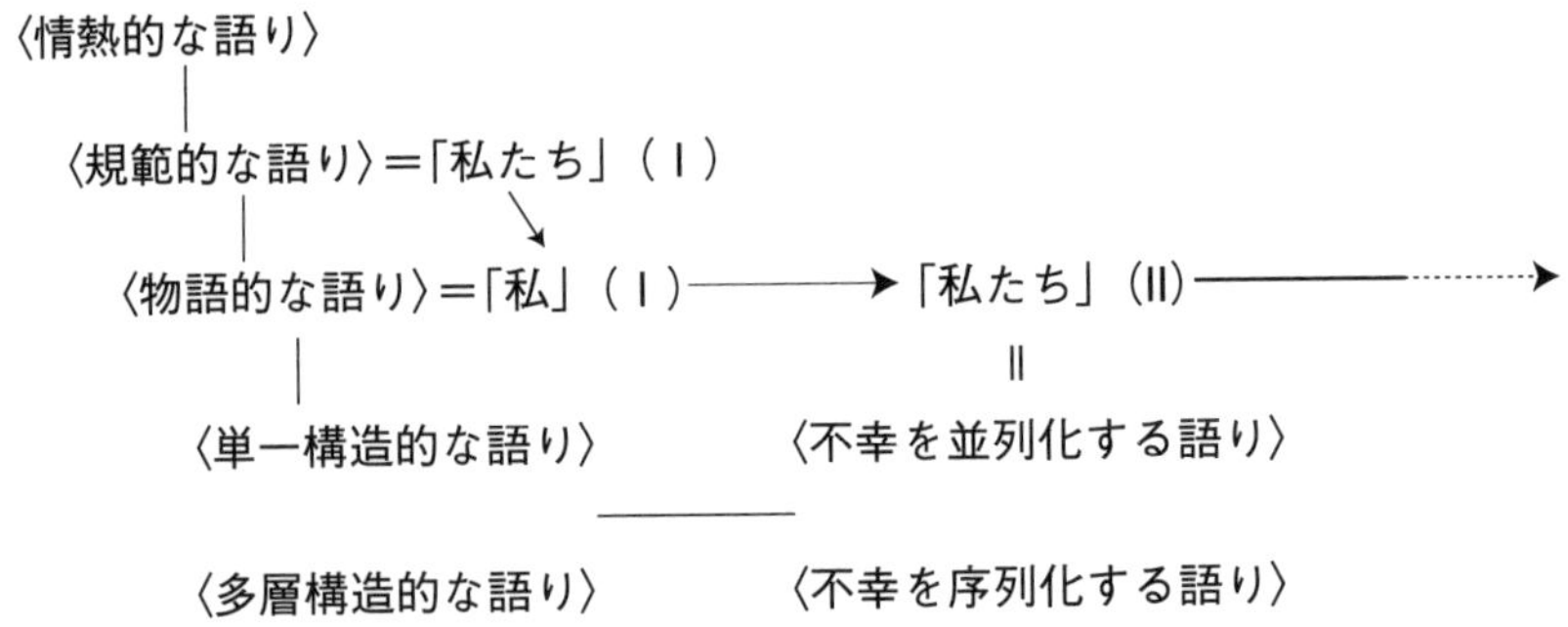

【図2】言語編成の変遷図

合性からなっているのである。そして、このような個別性を前提としつつも「共同性」を形作ることを可能にするのが、これまで論じてきた「物語」の機能なのである。「物語」は、「私」という個別性を確立すると同時に他者のそれに紐付けることを可能にする様式である。すなわち、「物語」という様式は、その語りの個別性を担保しつつも「共同性」を生成する働きをしていると考えられる、ということである。

そもそも「物語」という語りの様式は、語る主体としての「私」（Ⅰ）を析出するものであった。この「私」（Ⅰ）の析出の過程を【図2】に照らし合わせてみるならば、この過程自体が、「私たち」（Ⅰ）から「私たち」（Ⅱ）への移行、つまり、それまでにはなかった新たな「共同性」の生成に必要な言語実践上の交渉とその成果であったと考えられる。そして、この交渉なしには、「私たち」（Ⅱ）への移行はなしえなかったと思われる。

このように【図2】を読み解くことは可能であるが、「私たち」（Ⅰ）と「私たち」（Ⅱ）における「共同性」の差異について、語りの側面からさらに検討する必要があろう。

「私たち」（Ⅰ）において召喚される語りの資源は、道徳や規範であった。その一方で、「私たち」（Ⅱ）において召喚されるそれは、経験であった。より詳細に述べるならば、「私たち」（Ⅰ）をめぐる語りは、どのような道徳や規範が可能であるのかを探求し、その基準や指針を定めていく実践である。それに対して、「私たち」（Ⅱ）をめぐる語りは、「私たち」（Ⅰ）において模索された道徳や規範に関する基準や指針を運用した結果、それが「個々人の水準でどのように可能であるのか」についての経験を蓄積していく「共有」の実践である。このように考えるならば、「私たち」（Ⅰ）における語りは、ある特定の道徳や規範が適用される範囲の確定の作業であり、その範囲を可視化する機能を果たしている。つまり、この語りは、「共同性」が適用される範囲の探求の実践であると言えよう。

それに対して、「私たち」（Ⅱ）をめぐる語りは、「私たち」（Ⅰ）を受け、「私」（Ⅰ）を経て、新たな道徳や規範が可能であるのか、個々人の「物語」の蓄積から析出する実践である。この「私たち」（Ⅰ）と「私たち」（Ⅱ）の実践の差異は、その語りの資源をどこに求めているのかに現れている。前者は、曖昧模糊とした——ときには机上の——知識を源泉にしているのに対して、後者は、人びとの経験という「物語」を源泉にしている。このように、後者のような実践が可能になったのは、語りが「私」（Ⅰ）を経由したからである。すなわち、前者で交渉された道徳や規範を実践した「私」による「私」の「物語」が参照できるように蓄積されることで、この実践は可能になっているのである。そして、この「私」を分岐点として分別される「私たち」（Ⅰ）と「私たち」（Ⅱ）は、ふたつの「共同性」という観点からも説明できる。そこで、以下ではこのふたつの「共同性」について、それぞれの基底となっている集合性の観点から論じていく。

3-2　ふたつの「共同性」

まず、「私たち」（Ⅰ）は、「物語」の個別性が考慮されない集合性からなるものであるが、「私」（Ⅰ）を経由した「私たち」（Ⅱ）は、「私」（Ⅰ）という「物語」の個別性が担保された集合性からなるものである。つまり、「私たち」（Ⅰ）は、同質的な個々人を念頭に置いた合一的集合性（Durkheim 1912=1941）を基礎とし、一方で、「私たち」（Ⅱ）は、「分有」（Nancy 1999=2001）の可能性をもった「共同性」であると言えるだろう。

この「共同性」のふたつのあり方については、岡崎宏樹の「閉じた共同性」と「開いた共同性」から考えることができる（岡崎 2011）。合一的集合性は「閉じた共同性」であるが（岡崎 2011: 32-5）、それは、「われわれ」とそれ以外とを分別することによって可能になる「共同性」であり、同質性により担保された「閉じた」ものである。つまり、「私たち」（Ⅰ）においては、個別の「物語」という発想はなく、そこでは同質性に基づく自己物語のようなものがあるだけである。

そのように「閉じた共同性」がある一方で、「開いた共同性」も存在する（岡崎 2011: 32-5）。それは、「他者と共に」ある「共同での存在」（Nancy 1999=2001: 203）である。「共同での存在」は、「私」と「君」が相互にその存在を「分有」することにより可能になるものである。合一的集合性とは異なり、「分有」においては、「共同性」を可能にするのは同質性ではなく「特異性」である。それぞれの「物語」の個別性を「特異性」を引き受けたものとして捉えるならば、「私たち」（Ⅱ）はこれにあたると言える。

しかしながら、合一的集合性として考えられる「私たち」（Ⅰ）であっても、それが探求という実践であるならば、決して完全に「閉じた共同性」であると言うことはできない。道徳や規範を探求し、その適用範囲を確定していく作業は、その境界を引くことが如何にして可能かを探るということを意味する。この境界を引くという作業が、社会においてより内側に向くように展開され、その外側を排除していくものと仮定するならば、それは一見「閉じた共同性」に思われるだろう。しかしながら、この「私たち」（Ⅰ）における実践は、境界を引くことが如何に可能であるのか、その原初についての思考の反映として捉えられる。つまり、この実践をより正確に言い表すとすれば、一見「閉じた共同性」に思われるが「開いた共同性」へも目が向けられたものである、ということである。そうでなければ、「私たち」（I）のあとに続く「私」（I）それ自体が出現せず、そもそも語ることができなかったのではないだろうか。つまり、語りの水準で考えると、「閉じた共同性」は「開いた共同性」と同時にあるものであり、これらは語りの実践の循環の中で反復的に行き来されているのである。

以上、このふたつの「共同性」について考察してきたが、後者の「共同性」については、より慎重な議論が必要になる。なぜなら、第5章で触れた「想像の共同体」における「共同性」とここで言及した「分有」における「共同性」は、重なりを持つ部分がありつつも、その発想を異にしているからである。前者と後者は、共同体について実体がないとする点で共通しているものの、前者は「共同性」を「分断」する機能へ重きを置き、後者は「共同性」を「繋留」する可能性のあり方に重きを置いている（Vermeulen 2009）[3c]。よって、ここからは、その共通点と差異について、これまで論じてきた「物語」の概念から接近する。

4 「物語」と「共同性」

4-1 「共同性」について論じること

そこでまず、もう一度デュルケムの議論を振り返ることからはじめていきたい。

デュルケムは、オーストラリア原住民の宗教実践を論じていく中で、氏族《クラン》がトーテムによって結びついていることを指摘しているが（Durkheim 1912=1941）、トーテムとは「われわれ」という同質性を基礎とした「共同性」を可視化しつつ強化する機能を果たしているものであると考えられる。各氏族《クラン》はどのようなトーテムを用いているかによって、それぞれの存在を「われわれ」であるのか「われわれ」とは異なるのかを判断している。つまり、合一的集合性は、目に見える実在に根差した存在間に見出しうるものとして捉えられる。ただし、この合一的集合性は、一見「われわれ」という人びとの「共同性」からなっていると思われる一方で、それがトーテムという象徴の下に見られる点には留意しなければならない。つまり、人びとと人びととの結びつきからなる「共同体」ではなく、共通の象徴によって可能になっている「集合」であるということである。よって、デュルケムは、特定の信仰を実践する人びとについて論じているのではなく、その集合性を生成し維持するというトーテムの機能に注目し論じていると言えよう。すなわち、「共同性」について論じる際に重要であるのは、それに基づき共同体を構成していると思われる人びとを見るのではなく、それを可能にしている諸事物の機能から考えなければならないということである。「同一性とそれを保障する象徴の働きこそが、合一の共同体がその現実的な共同性を維持するためには何より重要なのである」（岡崎 1995: 18）。

一方、アンダーソンは「国家」という目に見えない「共同体」が、如何にして可能であるかを論じている（Anderson 1991=1997）。「国家」とは、想像上のつながりであり、目で見て「われわれ」かどうかを判断することは非常に困難である「共同性」からなる。しかしながら、「地図」や「博物館」といった「国家」の境界線や歴史――それは創られたものであるのだが――を通じて、「われわれ」という「共同性」が可視化されると言う。つまり、「想像の共同体」は、合一的集合性とは明らかに異なる、観念上のつながりの発生という、それまでにない共同体（のあり方）が論じられる中で見出されているが、その一方で、それを支えるトーテムに酷似した働きをする、何らかの物理的な存在の考察から離れられないことが示されている。「想像の共同体」は、「想像上の共同体」であるにもかかわらず、それを可能にする物理的な存在なしには成立しえない「共同性」による共同体なのである。その意味において、この共同体は合一的集合性を部分的に引き継いでいるものであると言えよう。

それに対して、「分有」による「共同性」という概念は、そのような共同体論を脱することを目的として展開されている。合一的集合性は、トーテムがそうであるのと同様に、固定的である（ゆえに閉じている）のに対して、「分有」においては、それは交渉可能なものとして描かれている（ゆえに開かれている）。というのも、「分有」においては、「共同性」はコミュニケーションによって立ち上がるのであって（Nancy 1999=2001: 203）、それはつまり、「われわれ」はその結果によって可能になると考えられるからである。そのようにして生成する「共同性」においては、「私」を「君」が「分有」するということが起こる（Nancy 1999=2001: 54）。これは合一を基盤とする集合性ではありえない状態である。なぜなら、合一を基盤とする集合性においては、「私」とは異なるトーテムにあるものたちは敵であるからである。そこには、「分有」という状態は生成しえない。すなわち、「分有」においては、「われわれ」の境界が融解しているのである。そして、ここには、トーテムや地図のような物理的な境界線を可視化して提示するものは介されていない。そこに見出されるのは、「私」を「分有」する「君」と「君」を「分有」する「私」の存在である。

しかしながら、この「分有」が論理的には考えうる、可能性としての「共同性」であるとしても、具体的には如何にして可能になるのだろうか。この問いの回答が、これまで本書で論じてきた「物語」にあると考えられる。

4-2 「物語」と「物語り」

このような「分有」による「共同性」が可能であるとしても、やはりそこには、トーテムや地図ほど強く、そして絶対的に境界を可視化するものではないにせよ、それを可能にする媒介が必要であろう。そして、それを担うのは「物語」であると考えられよう。

というのも、「分有」で想定される「私」や「君」それ自体が、これまで論じてきたように「物語」であることを否定することはできないからである。「分有」がもし可能であるなら、それは「物語」の「分有」である。言い換えるとするならば、人びとが「物語」を生きているということを基軸とした「共同性」は可能であるということである。

例えば、セルフヘルプ・グループでの実践は、「物語」の共有により可能になっているそれの一例として捉えられる。伊藤智樹は、彼が参加したセルフヘルプ・グループにおいて「ある種の同一性の感覚」と呼べるような「コミュニティの感覚」（伊藤 2000: 91）が起こり、それが孤独感を軽減する働きをしていることを観察している。これは、「共同性」のひとつの現れ方であり、機能であると考えられるだろう。また、子どもを小児癌で亡くす、あるいは、闘病中の子どもを持つ親によって組織されている自助グループを調査した鷹田佳典は、経験の「共通性」を見出すことで参加者のつながりが確保され、また組織としての統一性が保たれていることを指摘している（鷹田 2003: 184）。

これらの事例に見られるように、セルフヘルプ・グループにおける「共同性」は、「聞き手たちが自らの経験を話し手のそれに重ね合わせる」ことにより、「聞き手が会話にさまざまな角度から参入することを許すような、いくつもの関連性が呈示される」（佐藤 2002: 86）ことで可能になっている。そして、佐藤友久は、この「共同性」が生成される「物語」と「物語」のつなぎ目を「繋留点」(佐藤 2002: 86) と呼び、ここから人びとの経験が重なりあっていくことを考察している。そして、この「繋留点」から問題に対するエスノメソッドが「集合的な記憶のリソース」(佐藤 2002: 87) として蓄積されるのである。

このような実践は、セルフヘルプ・グループにのみ限定されたものではあるまい。それは、これまで本書が分析の対象としてきた資料の分析と考察からも導かれるものである。私たちは、「私たち」とまた異なる「私たち」の間を「私」を媒介としながら往還している。そして、その過程でいくつもの「物語」が生成され、更新されていく。そのようにして、「物語」——ときには「物語り」という行為——という媒介を経由しながら、「共同性」は、可視化されると同時に維持され、展開されているのである。

4-3 「物語」と「共同性」

そのようなこんにちにおいても見られる実践は、序章での議論を振り返るとすれば、「物語」から「物語り」への回帰であるようにも思われる。なぜなら、そもそもは「物語り」(口述) から「物語」(記述) への移行過程を論じることが、本書での試みに含まれていたからである。しかしながら、これは回帰ではなく、「物語」をめぐる円環の一部分であると言う方が適切であろう。

例えば、「物語り」(口述) の代表的なもののひとつである「神話」について考えるとわかりやすい。「神話」は、「物語」と「物語り」の密接な関係性を示唆する。なぜなら、「神話」は、伝統的に引き継がれることによって、共同体の維持という機能を担ってきたからである。

しかしながら、ナンシーによれば、現代では「神話」は「途絶」している (Nancy 1999=2000: 89)。これは、人びとが「神話」から離れている現状を指しており、共同体が「途絶」していることを意味している（Nancy 1999=2000: 111）。なぜなら、もともと「神話」は、語り手が聞き手（聴衆）に対して口述で語るものであり、そのようにして引き継がれていくものであった。そして、それが聞こえる範囲にいるもの、すなわち、その場に共にいるものによって共有され、そのようにして共同体は維持されていた[4]。つまり、「神話」の「途絶」は、「神話」による「共同性」を基軸とした共同体の「途絶」を意味している。しかしながら、これまでの議論を踏まえて、このような「途絶」の状況を考えるならば、「神話」の働きを代替するものの登場——ある意味では「誕生」——があったことを指摘しうるだろう。それは、個人の語る「物語」あるいはそれらの蓄積である。それまで「神話」が担ってきた「共同性」の可視化を「物語」が果たしているのである。

また、「途絶」とは、共同体の解体を意味するような絶望的な状況ではなく、人びとを「コミュニケーションへと立ち戻させる」（Nancy 1999=2000: 116）ものであり、その意味において、「共同性」を「開いた」ものへと導くものであると考えられる。そのコミュニケーションを、「物語」を記述する、あるいは、「物語る」という行為として捉えることが可能である。なぜなら、第5章で確認された「接続」という現象が、それを示していたからである。この現象は、「私」の「物語」について、複数の人が参加するやり取りによって、共同で「物語」を構築する実践に他ならないからである。このことは、「物語」を通じた「共同性」が実際に可能になっていることを示すものである。

これまでから、「物語」という様式とそれに則って語るという「物語り」という行為は、「共同性」を可視化し、それを維持するという二重の要請のもとで機能しているものであると考えられる。「物語」は、「地図」や「博物館」のように、実際に目で見たり触れたりすることのできない「共同性」というものを可視化する機能を果たすものであり[56]、それを語るという行為は、そのようにして可視化された「共同性」を稼働させるものである。

本書では、「物語る」という行為のうちの、記述という側面を中心に論じてきた。この記述には、それ自体に口述とは異なる機能が付帯していると考えられる。それは、自己言及、つまり、再帰的思考の対象にその書き手と読者を置くということである。「物語」という記述様式は、自己が「物語的存在」であることを認識させ、かつ、それを再帰的に捉えることを求めるものであると考えられる。「書くこと」は、自分がどのような存在であり、どのような社会を生きているのかを文字によって——外部に——記録することである。そして、その記録は自身や他者から参照される。自己物語の記述という行為の成立は、再帰的自己の成立の起源をも示唆していると考えられよう。

ある「物語」が記述され、それらが蓄積されることによって、共有可能な「物語」が模索される。そして、共有可能な「物語」を基軸にしてつながり、「共同性」が生成される。そのようにして「私たち」が形成され、また新たな「物語」が積み重なり、共有可能な「物語」が更新される。そして、また、それまでとは異なる「私たち」が形成され……。と、このような円環こそが「物語」と「共同性」をめぐって起こっていることの肝要であるまいか。

この円環を先ほどの【図2】に戻って考えてみよう。破線矢印で示した先に「私」（Ⅱ）がまた析出され、さらにその先に「私たち」（Ⅲ）が出現し……、と続いていくだろう。

そして、そのような円環を行き来することを繰り返しながら、「物語」が生成され蓄積される過程こそが「近代化」であると考えられる。

注

1　伊藤整は、古くからある日本の語りものとして、浄瑠璃、祭文、浪花節を挙げている（伊藤［1957］2006: 153）。

2　ここで言う「主体」とは、西洋的な「主体」という概念ではなく、日本語という言語（の使用）によって生成された独自の「主体」としても捉えられる。

3　とくに、これらは文学の機能についての考え方によく現れている。

4　口述には聞こえる範囲という空間的制約がある状態での「共同性」であった。しかしながら、記述された「神話」は、まさに記述されたその時点で、その制約から解放され、より広い範囲に伝播することが可能になったと言えるだろう。そうやって開放された「神話」は、「物語り」ではなく「物語」となっている。それは、伝播していく対象が、「閉じた共同性」から「開いた共同性」へ移行したと捉えられる。口述から記述への移行は、「共同性」を新たな局面へと導いたと考えられる。

5　可視化とは、まさに記述によってもたらされた効果である。

6　「地図」は、印刷技術の発展とともに広く用いられるようになったことには注目しなくてはならない。なぜなら、これまで論じてきたように、「物語」という記述様式の成立にもこの印刷技術の発展を背景とした、マス・メディアの普及が密接に関係しているからである。

あとがき

本書は、二〇一七年一一月に関西学院大学に提出し、翌年二月に博士（社会学）を授与された博士論文「「身の上」の歴史社会学――明治時代における自己物語記述様式の成立過程から」に加筆修正をしたものである。初出は以下のとおりとなっている。

序　章　書き下ろし
第1章　書き下ろし
第2章　矢﨑千華 2016「ナラティヴ分析を再考する――構造への注目」『社会学部紀要』関西学院大学社会学部研究会 125: 47-57.
第3章　矢﨑千華 2013「「身の上」の成立――『女学雑誌』「いへのとも」からはじまる紙上「身の上相談」」『ソシオロジ』58（2）：75-92.
第4章　書き下ろし
第5章　矢﨑千華 2016「明治時代における女性と「不幸の共同体」――婦人雑誌の投書から検討する」『先端社会研究所紀要』関西学院大学先端社会研究所 13: 17-34.
終　章　書き下ろし

大学院生の頃、私はまわりから「身の上相談の研究をしている人」と思われていた。その認識に対してズレと言えばよいのか、どこか違和のようなものを感じ続けていたが、それについて具体的に説明することはできなかった。それから時間はかかってしまったけれども、本書がその説明になっていると思っている。そもそも、はじめて明治時代の「身の上相談」を読んだときに「けっこうわかる」と感じたことが本書のきっかけであるように思う。「わかる」というのは、たんにその意味が理解できるというものではない。それは、こんにちを生きる私たちにも伝わるということである。そして、この「わかる」という感覚がどのようにしてもたらされているのかを考える作業の一部分が本書となっている。

本書の刊行に至るまでには、多くの方に支えてもらってきたと感じる。

学部生時代からの指導教員である佐藤哲彦先生（関西学院大学）には、本当に長い時間をかけてご指導頂いた。修士課程を終えて会社員として勤務していた私が、再び研究の道で何とかやっていけるように導いて下さったのも佐藤先生である。感謝してもしきれないくらいですが、本書の刊行が少しでも恩返しになればと思っています。

後期課程から指導して下さった宮原浩二郎先生（関西学院大学）、博士論文の副査である三浦耕吉郎先生（関西学院大学）、野口裕二先生（東京学芸大学）、蘭由岐子先生（追手門学院大学）にはたいへんお世話になった。また、本書の土台となった投稿論文や学会報告など、森真一先生（追手門学院大学）には、根気強くご指導頂いた。私が、関西学院大学大学院社会学研究科という場所で再出発をする決心を後押ししてくれた三藤祥子さん、入学後の関西の地での生活を教えてくれた尾添侑太さん、博士論文の執筆中の不安定になりがちな私をあたたかく見守って下さった福内千絵さんにもこの場を借りて改めてお礼申し上げたい。

本書の刊行は、関東学院大学人文学会の出版助成によって実現した。また、生活書院の髙橋淳氏には本書の刊行に際してご尽力頂いた。記してお礼申し上げます。

最後になるが、自分の思うままに生きる私をずっと支えてくれている両親と弟に感謝の言葉を贈りたい。いつも本当にありがとう。

二〇一九年一〇月

矢﨑　千華

参考文献

Adan, J., 1984, *Le Recit*, Presses Universitaires de France.（= 2004 末松壽・佐藤正年訳『物語論――プロップからエーコまで』白水社）

Anderson, B., 1991, *Imagined Communities: Reflection on the Origin and Spread of Nationalism*（2nd.ed）, Verso.（= 1999 白石さや・白石隆訳『増補　想像の共同体――ナショナリズムの起源と流行』ＮＴＴ出版）

赤川学 2006「日本の身下相談・序説――近代日本における『性』の変容と隠蔽」『社会科学研究』57（3・4）: 81-95

浅野智彦 1993「物語行為はいかにして『私』を構成するか――ジャージェンの自己 - 物語論の批判的拡張」『年報社会学論集』: 49-60

――― 2001『自己への物語論的接近――家族療法から社会学へ』勁草書房

――― 2003「自己物語論が社会構成主義に飲み込まれるとき――ケネス・ガーゲンの批判的検討」『文化と社会』4: 121-138

Barthes, R., 1961-71, *Introduction a L'analyse Structurale des Recits*, Seuil.（= 1979 花輪光訳『物語の構造分析』みすず書房）

Bauman, Z., 2000, *Liquid Modernity*, Policy Press.（= 2001 森田典正訳『リキッド・モダニティ』大月書店）

Bell, S., 1988,"Becoming A Political Woman: The Reconstruction and Interpretation of Experience Through Stories", *Gender and Discourse: The Power of Talk*, Todd, A. and Fisher, S., eds., Ablex Publishing Corporation.

Bruner, J., 1990, *Acts of Meaning: Four Lectures on Mind and Culture*, The President Fellows of Harvard College.（= 1999 岡本夏木・仲渡一美・吉村啓子訳『意味の復権――フォークサイコロジーに向けて』ミネルヴァ書房）

―――, 2010, "Narrative, Culture and Mind", *Telling Stories: Language, Narrative and Social Life*, Schiffrin, D., De Fina, A. and Nylund, A. eds., Georgetown University Press, 45-49.

Burr, V., 1995, *An Introduction to Social Constructionism*, Routledge.（= 1997 田中一彦訳『社会的構築主義への招待』川島書店）

中央公論社 1917『婦人公論』「新聞社へ身の上相談に行く女――婦人生活の裏面に潜む驚異すべき事実」2（8）

――― 1919『婦人公論』「『身の上相談』に現はれた『結婚難』」4（5）

De Fina, A. and Georgakopoulou, A., 2012, *Analyzing Narrative*, Cambrige University Press.

Dobson, S., 2005, "Narrative Competence and the Enhancement of Literacy: Some Theoretical Reflections", *International Journal of Media, Technology and Life Learning*, 1（2）：1-14.

Donzelot, J., 1991,"The Mobilization of Society", *The Foucault Effect: Studies in Governmentality*, 169-179.（= 1994 米谷園江訳「社会の動員」『現代思想』22（5）：107-116）

Durkheim, E., 1912, *Les Formes Élemetaires De La Vie Religieuse: Le System Totemique En Australie*, P.U.F.（= 1941 古野清人訳『宗教生活の原初形態』（上）（下）岩波書店）

江藤淳 1989『リアリズムの源流』河出書房新社

Forster, E., 1927, *Aspects of the Novel*, Edward Arnold.（= 1994 中野康司訳『小説の諸相』みすず書房）

Franzosi, R., 1998,"Narrative Analysis: Or Why（and How）Sociologist should be Interested in Narrative", *Annual Review of Sociology*,（24）: 517-54.

二葉亭四迷［1887］1951『浮雲』新潮社

———［1907］1994「余が言文一致の由来」『作家の自伝1　二葉亭四迷』日本図書センター

Gee, J., 1985,"The Narrativization of Experience in the Oral Style", *Journal of Education*, 167: 9-35.

Gergen, K., 1999, *An Introduction to Social Construction*, Sage Publications.（= 2004 東村知子訳『あなたへの社会構成主義』ナカニシヤ出版）

Gergen, K., and Gergen, M., 1997,"Narratives of the Self", *Memory, Identity, Community: The Idea of Narrative in the Human Sciences*, University of New York Press.

Giddens, A., 1990, *The Consequences of Modernity*, Policy Press.（= 1993 松尾精文・小幡正敏訳『近代とはいかなる時代か？——モダニティの帰結』而立書房）

浜崎広 2004『女性誌の源流——女の雑誌、かく生まれ、かく競い、かく死せり』出版ニュース社

池田知加 2005『人生相談「ニッポン人の悩み」幸せはどこにある？』光文社

池内一 1953「身の上相談のジャンル」『芽』2（9・10）：8-13

今西祐一郎校注 1996『蜻蛉日記』岩波書店

稲垣恭子 2007『女学校と女学生――教養・たしなみ・モダン文化』中央公論新社
井上ひさし 1985『ドラマ人間模様――國語元年』NHKエンタープライズ
―――― 2002『國語元年』中央公論新社
井上俊 2000『スポーツと芸術の社会学』世界思想社
色川大吉 1974『日本の歴史21――近代国家の出発』中央公論新社
―――― [1977] 1991『民衆史――その100年』講談社
伊藤智樹 2000「セルフヘルプ・グループと個人の物語」『社会学評論』51（1）：88-103
伊藤整 [1957] 2006『小説の方法』岩波書店
―――― [1958] 2006『小説の認識』岩波書店
イ・ヨンスク [1996] 2012『「国語」という思想――近代日本の言語認識』岩波書店
実業之日本社社史編纂委員会編 1997『実業之友日本社百年史』実業之日本社
鹿野政直・堀場清子 1985『祖母・母・娘の時代』岩波書店
柄谷行人 [1978-1980] 1988『日本近代文学の起源』講談社
カタログハウス編 2003『大正時代の身の上相談』筑摩書房
加藤秀俊 1953「身上相談の内容分析」『芽』2（9・10）：17-29
―――― 1958「明治二十年代ナショナリズムとコミュニケイション」『明治前半期のナショナリズム』未来社
加藤秀一 2004『〈恋愛結婚〉は何をもたらしたか――性道徳と優生思想の百年間』筑摩書房
Keen, D., 金関寿夫訳 [1984] 2011『百代の過客――日記にみる日本人』講談社
―――― 金関寿夫訳 [1988] 2012『百代の過客〈続〉――日記にみる日本人』講談社
北垣徹 1993「『連帯』の理論の創出――デュルケームを中心として」『ソシオロジ』37（3）：59-76
小山静子 1991『良妻賢母という規範』勁草書房
―――― 1999『家庭の生成と女性の国民化』勁草書房
国木田独歩 [1901] 1949「武蔵野」『武蔵野』新潮社

桑原武夫 1957「伝統と近代化」『岩波講座 現代思想Ⅺ 現代日本の思想』岩波書店

Labov, W. and Waletzky, J.1967,"Narrative Analysis: Oral Versions of Personal Experience", Helm, J. eds., *Essays on the Verbal and Visual Arts*, University of Washington Press.

Labov, W., 1972, *Language in the Inner City: Studies in the Black English Vernacular*, The University of Pennsylvania Press.

———, 1982,"Speech Actions and Reactions in Personal Narrative", *Analyzing Discourse: Text and Talk*, Tannen, D., ed., Georgetown University Press, 219-47.

前田愛［1973］2001『近代読者の成立』岩波書店

Madigan, S. & Epston, D., 1995, From Spy-chiatric Gaze to Communities of Concern: From Professional Monologue to Dialogue, *The Reflecting Team In Action*, Friedman, S., ed. The Guilford Press.（＝2005 小森康永監訳「『スパイ - カイアトリックな視線』から関心コミュニティへ」『ナラティヴ・セラピーの冒険』創元社）

松下貞三 1960「言文一致論とその反對論」『國語國文』29（11）：39-56

Mattingly, C., 1998, *Healing Dramas and Clinical Plots: The Narrative Structure of Experience*, Cambridge University Press.

Mills, C. W. , 1940,"Situated Actions and Vocabularies of Motive", *American Sociological Review* 6, 904-913.（＝1971 田中義久訳「状況化された行為と動機の語彙」『権力・政治・民衆』みすず書房：344-355）

見田宗介［1965］2012「現代における不幸の諸類型」『定本 見田宗介著作集Ⅴ 現代日本の精神構造』岩波書店

Mitchell, W., 1980,"Editor's Note: On Narrative", *Critical Inquiry*, 7（1）：1-4.

水越紀子 2002「日記分析における『書き手と〈他者〉の関係』」『ソシオロジ』47（1）：37-53

文部省 1972『学制百年史　記述編』帝国地方行政学会

牟田和恵 1996『戦略としての家族——近代日本の国民国家形成』新曜社

長嶺重敏 1997『雑誌と読者の近代』日本エディタースクール出版部

———2004『〈読書国民〉の誕生』日本エディタースクール出版部

中野卓編 1977『口述の生活史——或る女の愛と呪いの日本近代』御茶の水書房

中野卓・桜井厚編 1995『ライフヒストリーの社会学』弘文堂

Nancy, J-L., 1999, *La Communauté Désœuvrér,* Christian Bourgois Editeur.（= 2001 西谷修・安原伸一朗訳『無為の共同体』以文社）
野家啓一 2005『物語の哲学』岩波書店
西川祐子 2009『日記をつづるということ――国民教育装置とその逸脱』吉川弘文館
日本近代文学館編 1982『復刻日本の雑誌　解説』講談社
野口裕二 2002『物語としてのケア――ナラティヴ・アプローチの世界へ』医学書院
――― 2005『ナラティヴの臨床社会学』勁草書房
野口裕二編 2009『ナラティヴ・アプローチ』勁草書房
岡満男 1981『婦人雑誌ジャーナリズム――女性解放の歴史とともに』現代ジャーナリズム出版会
岡崎宏樹 1995「交流の共同体と合一の共同体――バタイユとジラールの供犠論の比較から」『ソシオロジ』39（2）: 3-21
――― 2011「共同性の三次元――集団性・生命性・他者性」『社会学史研究』33: 21-39
大石学 2007『江戸の教育力――近代日本の知的基盤』東京学芸大学出版会
Patterson, W., 2008,"Narrative Events: Labovian Narrative Analysis and its Limitations", ***Doing Narrative Research,*** Squire, C., Andrew, M. and Tamboukou, M. eds., Sage Publications, 22-40.
Plummer, K., 1983, ***Documents of Life,*** George Allen &Unwin（Publishers）Ltd.（= 1991 原田勝弘・川合隆男・下田平裕身監訳『生活記録の社会学――方法としての生活史研究案内』光生館）
―――, 1995, *Telling Sexual Stories: Power, Change and Social Worlds,* Routledge.（= 1998 桜井厚・好井裕明・小林多寿子訳『セクシュアル・ストーリーの時代――語りのポリティクス』新曜社）
Pomerantz, A., 1986,"Extreme Case Formulations: A Way of Legitimizing Claims", ***Human Studies,*** 9: 219-229.
Potter, J., and Wetherell, M., 1987, ***Discourse and Social Psychology: Beyond Attitudes and Behaviour,*** Sage Publications.
Prince, G., 1982, *Narratology,* Waletr de Gruyter Co.（= 1996 遠藤健一訳『物語論の位相』松柏社）
―――, 2001,"Revisiting Narrativity", *Telling Performances: Essays on Gender, Narrative, and Performance,* University of Delaware Press.
―――, 2003, ***A Dictionary of Narratology REVISED EDITION,*** McIntosh and Otis inc.（= 2015 遠藤健一訳『改訂　物語論辞典』松柏社）

譙燕 2001「畳語副詞の意味——成分の意味とのかかわり」『同志社大学国文学』54: 112-101
Riessman, C., 1993, *Narrative Analysis*, Sage Publications.
———, 2008, *Narrative Methods for the Human Sciences*, Sage Publications.（= 2014 大久保功子・宮坂道夫監訳『人間科学のためのナラティヴ研究法』クオリティケア）
Sacks, H., 1972,"An Initial Investigation of the Usability of Conversational Data for Doing Sociology", Sudnow, D. ed., *Studies in Social Interaction*, The Free Press, 31-77.（= 1995 北澤裕・西阪仰訳「会話データーの利用法——会話分析事始め」『日常性の解剖学』マルジュ社）
Sacks, H., Schegloff, A., and Jefferson, G., 1974,"A Simplest Systematics for the Organization of Turn-taking in Conversation", *Language*, 50（4）, 696-735.（= 2010 西阪仰訳「会話のための順番交替の組織——最も単純な体系的記述」『会話分析基本論集——順番交替と修復の組織』世界思想社）
Sadnow, D., ed., 1972, *Studies in Social Interaction*, The Free Press.
斉藤泰雄 2012「識字能力・識字率の歴史的推移——日本の経験」『国際教育協力論集』15（1）: 51-62
桜井厚 2012『ライフストーリー論』弘文堂
佐藤哲彦 2006『覚醒剤の社会史——ドラッグ・ディスコース・統治技術』東信堂
佐藤友久 2002「共通性と共同性——HIV とともに生きる人々のサポートグループにおける相互支援と当事者性をめぐって」『民族学研究』67（1）: 79-98
Schegloff, A., Jefferson, G., and Sacks, H., 1977,"The Preference for Self-correction in the Organization of Repair in Conversation", *Language*, 53（2）, 361-382.（= 2010 西阪仰訳「会話における修復の組織——自己訂正の優先性」『会話分析基本論集——順番交替と修復の組織』世界思想社）
Squire, C., Andrew, M. and Tamboukou, M., 2008,"What is Narrative Research?", *Doing Narrative Research*, Squire, C., Andrew, M., and Tamboukou, M. eds., Sage Publications, 1-21.
鈴木貞美 2007「日々の暮らしを庶民が書くこと——『ホトヽギス』募集日記をめぐって」『日常生活の誕生——戦間期日本の文化変容』柏書房

——— 2011「『日記』および『日記文学』概念をめぐる覚書」『日本研究』(44):425-443

鈴木聡志 2007『会話分析・ディスコース分析——ことばの織りなす世界を読み解く』新曜社

鈴木聡志・大橋靖史・能智正博編 2015『ディスコースの心理学——質的研究の新たな可能性のために』ミネルヴァ書房

高橋一郎 1992「明治期における『小説』イメージの転換——俗悪メディアから教育的メディアへ——」『思想』812: 175-92

鷹田佳典 2003「死別と自己物語の再構築」『年報社会学論集』16: 175-186

竹熊千晶・日高艶子・松尾ミヨ子 2005「苦難な状況を受け入れることを支える言葉『のさり』」『看護研究』38(4):53-63

竹内洋 2005『立身出世主義［増補版］——近代日本のロマンと欲望』世界思想社

玉井幸助 1945『日記文学概説』目黒書店

太郎丸博 1999「身の上相談記事から見た戦後日本の個人主義化」『変わる社会・変わる生き方』ナカニシヤ出版

寺出浩司 1994『生活文化論への招待』弘文堂

土屋礼子 2002『大衆紙の源流——明治期小新聞の研究』世界思想社

上田万年［1895］2011,「標準語に就きて」『国語のため』平凡社

植田康夫 1986「ジャーナリズムにおける婦人雑誌の地位と役割」『近代庶民生活誌　第9巻』三一書房

Vermeulen, P., 2009, Community and Literary Experience in (Between) Benedict Anderson and Jean-Luc Nancy, *An Interdisciplinary Critical Journal*, 42 (4) : 95-111.

Willis, P., 1977, *Learning to Labour: How Working Class Kids Get Working Class Jobs*, Ashgate Publishing.（＝［1985］1996 熊澤誠・山田潤訳『ハマータウンの野郎ども』筑摩書房）

山口謠司 2016『日本語を作った男——上田万年とその時代』集英社インターナショナル

山田邦紀 2007『明治時代の人生相談——100年前の日本人は何を悩んでいたか』日本文芸社

やまだようこ 2000「人生を物語ることの意味——ライフストーリーの心理学」『人生を物語る——生成のライフストーリー』ミネルヴァ書房

——— 2019『やまだようこ著作集第3巻 ものがたりの発生——私のめばえ』新曜社

やまだようこ編 2000『人生を物語る——生成のライフストーリー』ミネルヴァ書房

山本武利 1981『近代日本の新聞読者層』法政大学出版局
山崎光夫 2000『日本の名薬』東洋経済新報社
山崎朋子 2008『サンダカン八番娼館』文藝春秋
矢崎千華 2013「紙上『身の上相談』を分析する社会学的視点――社会的構築主義からの批判的検討」『KG社会学批評』2: 31-38.
横山源之助［1898］1949『日本の下層社会』岩波書店
吉原功 1985「社会変動とコミュニケーション」『コミュニケーション社会学』サイエンス社
湯沢雍彦 2005『明治の結婚 明治の離婚――家庭内ジェンダーの原点』角川学芸出版

参考資料

【第1章】

『國字國語改良論説年表』
国語調査委員会　一九〇四年

『日本帝國文部省年報』
第二十五年報　一八九八年
第二十八年報　一九〇二年
第三十一年報　一九〇五年
第三十四年報　一九一一年
第三十七年報　一九一一年

『明治前期産業発達史資料』
別冊（20）Ⅵ　明治文献資料刊行会　一九六七年（＝『日本帝国第五統計年鑑』一八八六年）
別冊（21）Ⅰ　明治文献資料刊行会　一九六七年（＝『日本帝国第七統計年鑑』一八八八年）
別冊（21）Ⅵ　明治文献資料刊行会　一九六七年（＝『日本帝国統計年鑑』一八九四年）
別冊（34）Ⅰ　明治文献資料刊行会　一九六八年（＝『大日本帝国内務省第十三回統計報告』一八九八年）

『陸軍省統計年報』
第十三回　一八九九年
第十四回　一九〇〇年
第十七回　一九〇三年
第十八回　一九〇六年
第十九回　一九〇七年

第二十回　一九〇八年
第二十一回　一九〇九年
第二十二回　一九一〇年
『太陽』
博文館　六（七）一九〇〇年
『読売新聞』一九〇一年五月一八日

【第3章】
『婦人くらぶ』
大正九年 一巻一号
『女学雑誌』
明治一八年　第一号
明治一九年　第三五 - 四二号
『都新聞』
明治三九 - 四〇年　第六七六三六八四六号
『読売新聞』
大正三年　第一三一八八 - 一三三〇一号

【第4章】
『ホトトギス』
明治三三年七月　三（一〇）
明治三三年一〇月　四（一）
明治三三年一二月　四（三）

明治三四年二月　四（五）
明治三四年四月　四（七）
明治三四年六月　四（九）
明治三四年八月　四（一一）

【第5章】
『婦人世界』
明治四一－大正元年　第三巻第一号－第七巻第一四号
『家庭之友』
明治三六－四一年　第一巻第二号－第六巻第八号

本書のテキストデータを提供いたします

本書をご購入いただいた方のうち、視覚障害、肢体不自由などの理由で書字へのアクセスが困難な方に本書のテキストデータを提供いたします。希望される方は、以下の方法にしたがってお申し込みください。

◎データの提供形式＝CD-R、フロッピーディスク、メールによるファイル添付（メールアドレスをお知らせください）。

◎データの提供形式・お名前・ご住所を明記した用紙、返信用封筒、下の引換券（コピー不可）および200円切手（メールによるファイル添付をご希望の場合不要）を同封のうえ弊社までお送りください。

●本書内容の複製は点訳・音訳データなど視覚障害の方のための利用に限り認めます。内容の改変や流用、転載、その他営利を目的とした利用はお断りします。

◎あて先
〒160-0008
東京都新宿区四谷三栄町6-5 木原ビル303
生活書院編集部　テキストデータ係

【引換券】
「身の上」の歴史社会学

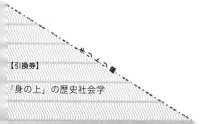

【著者略歴】

矢﨑千華　(やざき・ちか)

1983 年生まれ。
熊本大学文学部卒業。関西学院大学大学院社会学研究科博士課程後期課程単位取得満期退学。博士（社会学）。
関西学院大学先端社会研究所リサーチアシスタントを経て、2019 年度より関東学院大学社会学部現代社会学科講師。

主な論文に、
「「身の上」の成立――『女学雑誌』「いへのとも」からはじまる紙上「身の上相談」」(『ソシオロジ』58 (2)、2013 年)、「明治時代における女性と「不幸の共同体」―― 婦人雑誌の投書から検討する」(『関西学院大学先端社会研究所紀要』(13)、2016 年)、「「身の上」の歴史社会学――明治時代における自己物語記述様式の成立過程から」(博士学位論文、2018 年) など。

「身の上」の歴史社会学
――明治時代の自己物語から考える近代化と共同性

発　行――― 2020 年 2 月 28 日　初版第 1 刷発行
著　者――― 矢﨑　千華
発行者――― 髙橋　淳
発行所――― 株式会社　生活書院
〒 160-0008
東京都新宿区四谷三栄町 6-5 木原ビル 303
ＴＥＬ 03-3226-1203
ＦＡＸ 03-3226-1204
振替 00170-0-649766
http://www.seikatsushoin.com
印刷・製本―― 株式会社シナノ

Printed in Japan

ISBN 978-4-86500-110-5